EPIPHANIA · EGREGIA

Herausgegeben von
Barbara Hallensleben, Guido Vergauwen, Nikolaus Wyrwoll

in Zusammenarbeit mit dem
Zentrum für das Studium der Ostkirchen
an der Universität Freiburg Schweiz

3

Walter Nigg

Ein Wörtlein über meine Bücher

und weitere autobiographische Texte

Herausgegeben von
Barbara Hallensleben und Uwe Wolff
2. Auflage

Aschendorff Verlag

Münster
2024

Veröffentlicht mit Unterstützung des Hochschulrates
der Universität Freiburg Schweiz

MIX
Papier aus verantwortungsvollen Quellen
FSC® C089473
FSC
www.fsc.org

Satz: Institut für Ökumenische Studien der Universität Freiburg/Schweiz

www.aschendorff-buchverlag.de

Printed in Germany 2024
Gedruckt auf säurefreiem, alterungsbeständigem Papier ♾
ISBN 978-3-402-12088-0
ISBN (E-Book-PDF) 978-3-402-12089-7

Walter Nigg
6. Januar 1903 – 17. März 1988

Inhalt

Geleitwort
von Sören Nigg

Zwei Bedenken standen anfänglich der Veröffentlichung von Walter Niggs Rechenschaftsbericht „Ein Wörtlein über meine Bücher" entgegen: der von meinem Vater auf der ersten Seite des Manuskriptes angebrachte Vermerk „Streng vertrauliche Privatarbeit" und die offensichtliche Eile und Unbekümmertheit, mit der die Arbeit niedergeschrieben wurde. Der Hinweis auf Vertraulichkeit – verstärkt durch die Feststellung, dieses „Wörtlein" sei „für den Eigenbedarf und nicht für die Öffentlichkeit" gedacht – wog schwerer als die sprachlichen Ungereimtheiten. Diese ließen sich durch eine werkgetreue Überarbeitung leicht beheben, so wie ja auch Walter Niggs Ehefrauen auf seine Manuskripte Einfluss nehmen durften.

Als Gertrud Nigg-Hättenschwiler zu Beginn des Jahres 2001 das Haus in Dänikon aufgrund ihrer Altersbeschwerden verlassen musste, befand sich Walter Niggs Schreibtisch noch im gleichen Zustand wie 1988. Seine Witwe hatte aus Pietät nichts verändert. Eine dicke Staubschicht bedeckte die herumliegenden Bücher und Blätter, die Füllfeder lag auf der grünen Schreibunterlage, die Jacke hing am Schreibtisch-Sessel, und der Umlegekalender zeigte den 17. März 1988, den Todestag meines Vaters. Nie hätte seine Frau gewagt, das in der Schreibtisch-Schublade ruhende „Wörtlein über meine Bücher" zu veröffentlichen – obschon sie drei anderen Werken zu einer posthumen Publikation verholfen hatte.

Darf der Sohn sich nun über eine derart eindeutig formulierte Verfügung hinweg setzen? – Als Uwe Wolff für die Forschungsarbeiten zur Biographie „*Das Geheimnis ist mein.* Walter Nigg" (Theologischer Verlag Zürich 2009) Einblick in das Manuskript wünschte, musste ich mir einen Stoß geben. Es erwies sich bald, dass die Schrift eine wahre Fundgrube zum Verständnis von Walter Niggs Werk darstellt. Fast sechzig Mal zitiert der Biograph daraus. So kam auch ich zu der Einsicht, dass interessierte Nigg-Leser und -Leserinnen ein Anrecht darauf haben, diese rückblickende Schrift als Ganzes kennenzulernen. Der Wunsch meines Vaters nach Diskretion ist verständlich. Seine Bescheidenheit in Bezug auf persönliche Angaben mussten alle seine Verleger zur Kenntnis nehmen. Jetzt aber, 35 Jahre nach seinem Tode, darf diese Zurückhaltung zu Gunsten des Dienstes an seinem Gesamtwerk zurücktreten. So werden hier neben dem autobiographischen Schlüsseldokument „Ein Wörtlein über meine Bücher" weitere direkte oder indirekte Zeugnisse Walter Niggs über sein eigenes Leben zugänglich gemacht.

Auch die Einwilligung zur Veröffentlichung des so intimen Textes „Wie Lily Nigg-Kölliker starb" mag erstaunen. Es muss meinem Vater 1942 unmittelbar nach dem tragischen Ereignis sehr schwer gefallen sein, die näheren Umstände einer breiteren Öffentlichkeit preiszugeben. Er wollte seinen Mitmenschen den Suizid seiner Gattin als Tod aus Opferbereitschaft und nicht als eine Flucht aus Lebensüberdruss verständlich machen. Jede Zeile bekundet, dass er diese Rechtfertigung mit seinem Herzblut geschrieben hat. Für mich gehört dieser Text seit jeher zum Tiefsten, was aus seiner Feder geflossen ist. Wenn die Veröffentlichung damals auch mancherorts auf Unverständnis stieß – allen voran bei Margarete Susman –, so liest sie sich heute, acht Jahrzehnte später, als berührendes Zeugnis einer ganz großen Liebe.

Den Herausgebern, meinen lieben Freunden Uwe Wolff und Barbara Hallensleben, bin ich zu großem Dank verpflichtet. Dem Reinhardt-Verlag danke ich für die Erstausgabe, dem Aschendorff Verlag für die zweite Auflage.

Dänikon, 1. November 2023 – Allerheiligen
Sören Nigg

Vorwort
der Herausgeber

Pensionierte Pfarrer müssen in der Regel das Pfarrhaus ihrem Nachfolger überlassen. So hatten auch Walter und Gertrud Nigg im Nachbarort Dänikon ein Grundstück erworben. Hoch oben auf dem Abhang des Altberges ließen sie sich ein Haus errichten, in dem genügend Platz für die Bibliothek des Heiligenforschers war. Am 28. Juni 1970 hielt Walter Nigg seine Abschiedspredigt in der Kirche von Dällikon. Die großen Bücher, mit denen sein Name heute über Konfessionsgrenzen hinweg einen herausragenden Platz in der christlichen Welt besitzt, hatte der Seelsorger neben seiner Amtsausübung in der Gemeinde geschrieben. Die Pensionierung bedeutete für Walter Nigg einen Zugewinn an Lesezeit. Er arbeitete sich in neue Biographien ein und schrieb mit der bewährten didaktischen Gestaltungskraft zahlreiche Portraits von Heiligen und Ketzern, Dichtern und Malern. Wer seine großen Werke aus den Vierziger und Fünfziger Jahren kannte – „Große Heilige" (1946), „Das Buch der Ketzer" (1949), „Maler des Ewigen" (1951), „Vom Geheimnis der Mönche" (1953) etc. –, fand nicht nur Variationen vertrauter Motive. So führte der inzwischen zum Klassiker gewordene Bildband „Bleibt, ihr Engel, bleibt bei mir ..." (1978) zu einer neuen Aufmerksamkeit für die Engel auf unserem Lebensweg.

Der Hagiograph nutzte also seinen Ruhestand bis in die letzten Lebenstage recht produktiv. Zudem zeigte sich Walter Nigg auf zahlreichen Vortragsreisen seiner Gemeinde von treuen Lesern und Leserinnen. Er hatte ihnen das Leben der großen Gestalten der abendländischen Kirchengeschichte erschlossen. Doch was wussten diejenigen, die ihn lasen und ihm zuhörten, über das Leben des größten Hagiographen des 20. Jahrhunderts? Wie verliefen seine Kindheit und Jugendzeit? Welche Erfahrungen gaben seinem Leben Tiefe? Wer waren seine akademischen Lehrer? Welche Bücher hatten ihn geprägt? Fast niemand wusste etwas über den Mann, der bei seinen Lesungen Säle und Kirchen füllte. Es gab keine Interviews, keine Autorenportraits, ja nicht einmal Photos von ihm. Unbekannt waren selbst seinen Freunden und Wegbegleitern die dramatischen Schlüsselerfahrungen aus der frühen Kindheit, die harten Jugendjahre, die Reibungspunkte mit Karl Barth und der Theologischen Fakultät Zürich. Als er 1946 „Große Heilige" veröffentlichte, stand er mit 43 Jahren in der Mitte des Lebens. Wie vollzog sich seine Entwicklung als Autor? Vor allen Dingen: Wie kam ein reformierter Schweizer Pfarrer auf die Idee, ein Buch über Heilige zu schreiben?

Gegen Ende seines Lebens spürte Walter Nigg den Auftrag, Rechenschaft abzulegen. Aus seinem Arbeitszimmer in Dänikon hatte er einen freien Blick über das Furttal bis zu dem Südhang der Lägern. Um einen Überblick ging es ihm auch, als er sich in einem seiner letzten Lebensjahre an den Schreibtisch setzte und auf 56 mit schwarzer Tinte beschriebenen Seiten die kleine Schrift „Ein Wörtlein über meine Bücher" verfasste, die hier erstmals aus dem Privatarchiv ediert wird. Das Diminutiv des Titels ist eine grobe Untertreibung, wie sie einem Hagiographen, der schon von Berufs wegen bescheiden hinter seinem Gegenstand zurücktritt, wohl ansteht. Doch die Demut der Schreibenden ist die Kehrseite ihres Erwählungsbewusstseins. Folgerichtig schließt Nigg mit der Mahnung des Paulus: „Was hast du aber, das du nicht empfangen hast?" (1 Kor 4,7). Autorschaft ist eine Gabe Gottes. Deshalb ist Mitteilung Pflicht. Jeder Künstler von Rang kennt diesen Zusammenhang.

„Ein Wörtlein über meine Bücher" ist Walter Niggs Rechenschaftsbericht. Doch wer ist der Adressat? Wie es sich für einen schreibenden Gottesmann im neunten Lebensjahrzehnt gehört, legt Walter Nigg mit dieser Schrift Rechenschaft ab vor dem Geber aller Gaben. Wie groß auch immer der Erfolg des theologischen Schriftstellers Nigg gewesen war – für Stolz und Eitelkeit besteht kein Anlass, denn Talente werden anvertraut zur Erbauung der Gemeinschaft der Glaubenden, und über ihre Verwaltung und Nutzung hat der Autor Rechenschaft abzulegen – vor sich selbst und vor Gott. Dadurch wird die Schrift gewissermaßen zum Gebet. Dadurch öffnet sie sich aus sich heraus für die Gemeinschaft derer, denen Niggs unermüdliches Zeugnis zu Lebzeiten auf Erden galt. Die Einwilligung des Sohnes in die Publikation ist daher folgerichtig.

Es gibt keine autobiographischen Äußerungen Walter Niggs aus dem Umfeld seines Rechenschaftsberichts, so dass wir nicht wissen, welche Verwendung er für diese Schrift vorgesehen hatte. Plante er eine spätere Veröffentlichung, für die er die Zeit noch nicht gekommen sah? Schrieb er den Text für seine Kinder und Enkel zum privaten Gebrauch? Wollte er die Wirkungsgeschichte seines Lebenswerkes mit dieser Schrift steuern und seinem Biographen einen Schlüssel zum Verständnis seiner Bücher hinterlassen? Wir wissen es nicht. Und Walter Nigg wusste es wohl selbst nicht. Er hatte den Text geschrieben und in ihm die großen Linien seines Lebens nachgezeichnet. Dabei hatte er nicht nur Schlüsselstellen seiner Biographie preisgegeben, sondern durch diese Bekenntnisse einen Zugang zu dem autobiographischen Gehalt seines Lebenswerkes ermöglicht. Weitere autobiographische Dokumente wie die „Stationen der Lebensreise" (um 1987) blieben Fragment.

Walter Nigg entschied sich, die Sorge um eine angemessene Edition seiner unveröffentlichten Texte den Menschen anzuvertrauen, die sich um seinen Nachlass kümmern würden. Gertrud Nigg edierte einige Werke, etwa die Bücher über Friedrich von Spee, Hedwig von Schlesien und den Pfarrer von Ars. Das „Wörtlein" aber schlummerte weiter in der Schreibtisch-Schublade. Noch zu Lebzeiten hatte Nigg seinem Manuskript eine Notiz hinzugefügt, die den streng privaten Charakter betonte. Wie ernst es ihm selbst damit war, bleibt eines seiner vielen Geheimnisse. In seiner Biographie über Walter Nigg zitiert Uwe Wolff – mit Zustimmung von Sören Nigg – ausführlich das „Wörtlein". Die hier vorgelegte Erstausgabe des vollständigen Textes macht nun den direkten Einblick in die Selbstdeutung des Hagiographen möglich. „Ein Wörtlein über meine Bücher" ist zweifellos ein Grundtext für die Nigg-Forschung. Es ist zugleich die „Geschichte einer Seele“, die mit derselben Ehrfurcht wahrgenommen werden will, die Walter Nigg in seinen Darstellungen den großen Leitbildern der abendländischen Bildung und Erziehung angedeihen ließ. Und nicht zuletzt wurde daraus eine kleine alternative Theologiegeschichte des 20. Jahrhunderts.

Walter Nigg ist ein Kind des Dreikönigstages. Geboren am 6. Januar 1903, folgte er wie die Weisen aus dem Morgenland dem Stern. Das Licht der Epiphanie schenkt Orientierung über Räume und Zeiten hinweg. Zugleich verklären seine Strahlen den Pilger, und so wird der Heilige selbst zur Ikone, aus der das Licht der anderen Welt leuchtet. Nigg sah in Caspar, Melchior und Balthasar, seinen Schutzpatronen, ein mystisches Gleichnis dieser Verwandlung des Menschen zu seiner ursprünglichen Gestalt als Ebenbild Gottes.

Die mystische Dimension seiner Glaubenserfahrung wird in sämtlichen autobiographischen Texten dieses Bandes greifbar. Der frühe „Lebenslauf“ und die „Abschiedspredigt“ vom 28. Juni 1970 zeigen, wie Walter Nigg seine Sendung stets im Dreiklang von Biographie, Wissenschaft und Seelsorge verstanden hat. Das „Geständnis“ und der „Epilog“ sind jener Geschichte der evangelischen Mystik entnommen, die Nigg sein liebstes Buch nannte und unter dem Titel „Heimliche Weisheit. Mystisches Leben in der evangelischen Christenheit“ veröffentlichte (Stuttgart 1959). Den Umschlag der Erstausgabe mit dem Motiv der berühmten Bronzetür von San Zeno in Verona hatte er selbst ausgewählt: Gott zeigt Abraham den Sternenhimmel. Der Gott Abrahams auf dem Motiv des Umschlags trägt den Kreuznimbus. Über diesem Kreuz leuchtet das Meer der Sterne. Ihr Licht mit den inneren Augen sehen zu können, ist eine Gnade. Niggs Hagiographie ist voller epiphaner Momente.

Von Licht und Orientierung in den Stürmen der Zeit spricht Walter Nigg auch im Klappentext: *„Du hast Lust zur Wahrheit, die im Verborgenen liegt, du lässest mich wissen die heimliche Weisheit*, heißt es im *Buch der Preisungen*. Das aus der Tiefe zum

Höchsten rufende Wort hat von jeher den gottsuchenden Mystikern wie der weiße Glanz geleuchtet, unablässig sind sie mit ihrem Denken und Sehnen um die heimliche Weisheit gekreist, die ihnen einzig als das allgenugsame Wesen erschien. Aus dieser Bemühung ist jene Mystik hervorgegangen, die man die evangelische Untergrundbewegung im Gegensatz zum offiziellen Protestantismus nennen könnte und die im Überkonfessionellen beheimatet ist. Sie erfreute sich nie öffentlicher Anerkennung, sondern führte allezeit ein köstliches Leben in der Stille, die allgemeine Nichtbeachtung durch eine um so intensivere Gottinnigkeit beantwortend. Im vorliegenden Werk wird sie zum erstenmal im Zusammenhang ans Licht gezogen und erstrahlt als eine unbekannte Welt vor den Augen des Lesers. Ein Reichtum von überaus beglückenden Nachklängen mittelalterlicher Mystik, von gottseliger Sabbatstille, von mystischer Spekulation, von heiliger Theosophie, von geheimnisschwerer Innerlichkeit, von sophianischer Mystik singt und klingt in diesen Blättern."

Das „Geständnis" beschreibt den Ursprung des Buches bei einem Besuch im Kloster Valsainte. Im „Epilog" tastet Nigg sich an ein Schlüsselerlebnis mystischer Gottesfreundschaft heran, das ihm nach dem Suizid seiner ersten Frau und Mutter seiner beiden Kinder zuteil wurde. „Wie Lily Nigg-Kölliker starb" ist der bewegende Bericht über die Passion einer großen Liebenden, die ihren Freitod als Opfer für die Sendung ihres Mannes verstanden wissen wollte. Zugleich ist es Walter Niggs erstes hagiographisches Porträt. In ihm verbindet er die Erfahrung von Liebe und Leid zu jener mystischen *coincidentia oppositorum*, die ihre Mitte im Kreuz gefunden hat.

In seinem Rechenschaftsbericht nennt Walter Nigg die großen Titel jener Bücher, mit denen sein Name in der Geschichte der Spiritualität des 20. Jahrhunderts einen bleibenden Rang besitzt. Die Bibliographie am Ende unseres Bandes konzentriert sich auf diese Haupttitel. Eine vollständigere Bibliographie der zahlreichen Aufsätze Walter Niggs für die NZZ und andere Zeitungen ist auf der Walter-Nigg-Homepage des Instituts für Ökumenische Studien der Universität Freiburg Schweiz abrufbar:

https://www.unifr.ch/iso/de/dokumentation/walter-nigg/

Neben den veröffentlichten Werken bildete der gesamte Nachlass von Walter Nigg die Grundlage der Biographie „*Das Geheimnis ist mein.* Walter Nigg“ (Theologischer Verlag: Zürich 2009), mit der Uwe Wolff Leben und Werk des großen Schweizer Hagiographen erstmalig vor dem Hintergrund seiner Zeit erschließt. Eine verdichtete Fassung der Biographie liegt vor in: Uwe Wolff, Walter Nigg. Das Jahrhundert der Heiligen. Eine Biographie (Aschendorff Verlag: Münster 2017).

Der herzliche Dank der Herausgeber gilt Sören Nigg, der auch die Photos aus dem Familienarchiv zur Verfügung stellte. Ohne seine umsichtige Mitwirkung wären weder die Biographie noch die hier vorgelegte Veröffentlichung möglich geworden. Er hat sich für das Erbe seines Vaters wahrhaft als treuer Verwalter erwiesen.

Fribourg, im Advent 2023
Barbara Hallensleben und Uwe Wolff

Biographischer Überblick

6. Januar 1903, Dreikönigstag/Epiphanie: geboren in Luzern als viertes Kind von Albert Nigg (* 8. April 1866, katholisch) und Clara Nigg-Studer (* 28. November 1871, reformiert); drei Geschwister (katholisch getauft): Albert (1894-1975), Else (1895-1916) und Erwin (1898-1970)

26. Januar 1903: evangelisch-reformiert getauft

1910/11 bis 1916/17: sechs Jahre Primarschule und ein Jahr Sekundarschule in Luzern

22. Februar 1914: Tod des Vaters durch Suizid

9. April 1916: Tod der Schwester Else

16. Dezember 1916: Tod der Mutter; Walter lebt in der wohlsituierten Familie seines Onkels in Zug; Versuch der Gewinnung für den katholischen Glauben

1917: Flucht wegen „religiöser Vergewaltigung" nach Zürich, wo er als Ausläufer und Büroaushilfe arbeitet

Januar 1918: Erste Veröffentlichung: „Wie wir Freunde wurden" (in: „Schweizer Kamerad")

29. März 1918, Karfreitag: Konfirmation in Luzern. Denkspruch: „Ich vergesse, was dahinten ist, und strecke mich aus nach dem, was da vorne ist, und jage nach dem vorgesteckten Ziel, dem Siegespreis der himmlischen Berufung Gottes in Christus Jesus" (Phil 3,13f)

1. August 1918 bis 31. März 1920: Angestellter bei der Schweizerischen Viscose-Gesellschaft in Emmenbrücke; Begegnung mit Eduard Thurneysen, Karl Barth und Emil Brunner; Hermann Kutter wird zum väterlichen Freund

21. März 1923: Maturität in Zürich (Juventus-Schule)

Sommersemester 1923: Universität Göttingen; Vorlesungen u.a. bei Karl Barth, Emanuel Hirsch und Erik Peterson

Wintersemester 1923/24 bis Sommersemester 1924: Studium an der Universität Leipzig, wo er mit Lily Kölliker zusammenwohnt

3. Oktober 1924: Griechisch-Matur nach Privatunterricht

Wintersemester 1924/25 bis Wintersemester 1927/28: Theologiestudium in Zürich, u.a. bei Jakob Hausheer, Emil Brunner, Walther Köhler und Walter Gut

26. März 1925: Hebräisch-Matur

28. Juli 1925: Heirat mit Lily Kölliker in Zürich

6. Mai 1926: Im Preisausschreiben der Universität Zürich gewinnt seine Arbeit „Heiri Wunderli von Thorlikon" den Hauptpreis. Sie wird in überarbeiteter Form die Dissertation „Das religiöse Moment bei Pestalozzi" *(summa cum laude)*

11. April 1928: Theoretisch-theologische Prüfung

April 1928 bis Januar 1929: Vikariate in Zürich-Höngg und Zürich-Enge

31. Oktober 1928: Wahlfähigkeitszeugnis

11. November 1928: Ordinationszeugnis

4. Februar 1929: Wahl als Pfarrer in Stein AR

17. Februar 1930: Geburt der Tochter Sonja Saskia († 2000)

27. Januar 1931: Habilitation für Kirchengeschichte über Franz Overbeck und Beginn der Arbeit als Privatdozent an der Universität Zürich; Vorlesungen über Heilige, Mystiker, Ketzer

10. Oktober 1935: Geburt des Sohnes Sören Hamlet

29. Oktober 1939: Wahl zum Pfarrer in Dällikon-Dänikon ZH

1940: Ernennung zum Titularprofessor für Kirchengeschichte

21. März 1941: Tod von Lily Nigg-Kölliker durch Suizid

20. September 1943: Heirat mit Isabel Tiefenthaler (* 15. März 1903), geschiedene Brunner

1946: „Große Heilige"

3. Dezember 1949: Verleihung der Ehrendoktorwürde der Universität Marburg durch Vermittlung von Ernst Benz

4. Mai 1950: Tod der zweiten Ehefrau Isabel Nigg-Tiefenthaler aufgrund eines Krebsleidens

10. September 1951: Heirat mit Gertrud Hättenschwiler (1915-2004)

1955: Rücktritt von der Lehrtätigkeit an der Universität Zürich

April 1963: Übersiedlung in das neu gebaute Eigenheim in Dänikon ZH

28. Juni 1970: Abschiedspredigt in der Kirche Dällikon; Antritt des „Ruhestandes“ unter Fortsetzung der schriftstellerischen Arbeit und regen Vortragstätigkeit

31. Mai 1980: Verleihung des Mozart-Preises der Johann-Wolfgang-Goethe-Stiftung Basel in Innsbruck

2. März 1988: Herzinfarkt

17. März 1988: Tod im Spital Bülach

22. März 1988: Urnenbeisetzung im engsten Familienkreis durch Pfarrer Ulrich Perels; die Urne liegt in einem Doppelgrab auf dem Friedhof Dällikon mit der Aufschrift „Das Geheimnis ist mein“; über dem Grab, in dem auch die Asche von Gertrud Nigg beigesetzt ist, wacht der Posaunenengel von Hugo Imfeld.

Lebenslauf[1]

Es fällt mir nicht leicht, über den Gang meines Lebens zu berichten. In der Kürze, mit der dies hier geschehen müsste, bliebe auch vieles unverständlich. Aus diesem und anderen Gründen möchte ich davon absehen und lediglich einige Episoden daraus erwähnen, die für meine Entwicklung zur Theologie von entscheidender Bedeutung waren.

I.

Geboren 6. Januar 1903 in Luzern. Mein Vater war Postverwalter und stammte aus einer streng katholischen Familie. Meine Geschwister wurden deshalb in der katholischen Kirche getauft. Nur ich als „Spätling" wurde nach der Konfession meiner Mutter in der reformierten Kirche getauft. Obgleich mich konfessionelle Fragen von frühester Jugend an umgaben, war der Religionsunterricht von keinem nachhaltigen Einfluss auf meine Entwicklung. Abgesehen davon, dass er mir von Zeit zu Zeit einen moralischen Impuls gab, mich zu Hause behilflich zu zeigen, habe ich die Religionsstunden ohne Abneigung und ohne Freude über mich ergehen lassen. Sie rieselten an mir herunter wie Wasser am Felsen.

Von ganz anderer Wirkung auf mein Inneres waren die schweren Dinge, die sich in meinem Elternhaus zutrugen und die meine ganze Kindheit unter einen beständigen Schatten und Druck stellten. Nach dem frühen Tod meines Vaters (1914) lebte ich zwei Jahre in sehr bedrängter Lage allein mit meiner Mutter zusammen. Trotz der Not jener Tage kann ich an diese Zeit mit nicht genügend dankbarer Erinnerung zurückdenken. Wenn ich es auch damals nicht vollauf begriff, so habe ich doch in jener Zeit erfahren, was Mutterliebe, die sich für ihre Kinder aufzehrt und

---

1 *Anmerkung der Herausgeber:* undatiert; Transkription aus dem Privatarchiv der Familie Nigg; der Text umfasst die Zeit bis zum Studium.

aufopfert, im Leben bedeutet. Ich stehe nicht an zu sagen, dass ich, was ich den „character indelebilis“ bezeichnen möchte, ganz allein meiner Mutter verdanke, die mir nicht in Worten, aber durch ein Leben voll Enttäuschung und Entbehrung vorlebte, was Liebe, Güte und Duldersinn ist. Sie war es, die mir auf ihrem Sterbelager das Versprechen abnahm, „ein guter Mensch zu werden“.

II.

Nach dem Tode meiner Mutter (1916) wurde ich zu dem Bruder meines Vaters nach Zug gebracht, dessen Familie ich bis dahin der verschiedenen Konfession wegen nie gesehen hatte. Meine neue Tante kam mir mit großer Freundlichkeit entgegen, und ihr wohlsituiertes Haus verfehlte nach meinen zweijährigen Entbehrungen nicht seinen Eindruck auf mich. Doch glaubte sie erst dann ihrer Christenpflicht Genüge getan zu haben, wenn sie nicht nur für mein leibliches Wohl, sondern auch für mein Seelenheil gesorgt habe. Da sowohl sie als ihr Mann infolge ihres außergewöhnlich strengen Katholizismus an starken religiösen Depressionen und Skrupeln litten, begann nun, um das ketzerische Gift in mir auszutreiben, eine Prozedur, die ich als reine religiöse Quälerei empfand. Ich wurde in Messen und Herz-Jesu-Andachten usw. mitgenommen und zuletzt zu einem Pater in einen Einzel-Religionsunterricht gegeben. Diese ganze religiöse Sphäre verfehlte ihre Wirkung auf meine Phantasie nicht. Ich weiß nicht, wie es mir auf die Dauer ergangen wäre, wenn jener Pater seine Bekehrungsversuche nicht so plump und unpsychologisch angestellt hätte. Sicher ist, dass ich ihm nicht überlegen war, und was auf dem Spiele stand, verstand ich auch nicht ganz. Genug, dass mein Widerspruchsgeist wuchs, je weniger ich mich wehren konnte und je unerträglicher mir die düstere und freudlose Luft im Hause meines Onkels wurde, bis mir das Dasein dort so verhasst war, dass ich eines Tages, nachdem ich meine Verwandten belogen hatte, auf und davon fuhr nach Zürich (1917).

III.

In Zürich ging es mir schlecht. Mein Geld hatte ich bald mit Büchern und anderen Dingen verbraucht. Die Not zwang mich, meinen Unterhalt zu verdienen, und da ich noch nichts gelernt hatte, verdingte ich mich als Ausläufer. Ich hatte in jenen Tagen oft Hunger, und am Abend waren meine Füße wund von dem vielen und ungewohnten Gehen. Nun erwachten meine Skrupel: ist das die Strafe dafür, dass du in Zug die Wahrheit nicht angenommen hast? Ist es dir dort nicht unvergleichlich besser ergangen als jetzt? Und so betete ich denn in meiner Verlassenheit zur „Mutter Gottes", sie solle sich mir offenbaren, wenn ich katholisch werden soll; aber sie offenbarte sich mir nicht. Dagegen ging mir etwas anderes auf.

In dem Geschäft, in welchem ich arbeitete, war noch ein anderer, älterer Ausläufer, der sich meiner annahm und mich zum „Christlichen Verein junger Männer" führte. Dort interessierte man sich sofort für mich, und dieses Interesse tat mir wohl. Klein und gedemütigt durch meine Verhältnisse, stand ich so recht unter den Bedingungen, um mich dem Pietismus rückhaltlos hinzugeben. Er diente mir zur Rechtfertigung für mein Verhalten gegenüber dem Katholizismus und wurde mir zum Halt in meinen Jünglingsjahren. So ging ich denn in Bibelstunden und Gebetsstunden, hörte Evangelisationsvorträge und sang Hallelujahlieder. Ich besuchte kein Kino und kein Theater, trank keinen Alkohol und rauchte keine Zigarette, bekehrte mich und hätte am liebsten die ganze Welt mitbekehrt. – Es war mir mit meinem Pietismus ernst, und ich möchte hinzufügen, dass ich diese Phase in meinem Leben nicht missen möchte. Es war der Pietismus, der mich mit der Bibel, die ich bis dahin nur vom Hörensagen kannte, bekannt gemacht und mir das ganze Christentum konkret und persönlich nahe gebracht hat. Seit jener Zeit ist mir das Religiöse nie mehr aus den Augen entschwunden und zur Hauptfrage meines Lebens geworden.

IV.

Meine Wanderschaft führte mich nach einem Jahr, in welchem es mich noch reichlich herumgeschlagen hatte, schließlich zu einer Stelle auf dem Betriebsbüro der Viscose-Fabrik in Emmenbrücke, wo ich rund zwei Jahre (1918-1920) tätig war.

Ich war damals noch ein überzeugter Pietist. Doch obwohl ich mich in Zürich bekehrt hatte, stiegen mir bald Zweifel auf, ob jene Bekehrung auch eine echte gewesen sei. Wohl hatte ich Stunden, in denen ich nur so schwamm in Gefühlen und die Gnade auf mich niederträufeln fühlte. Aber es gab auch andere Stunden, in denen mir alles, Sündenvergebung und Besitz des heiligen Geistes, fraglich wurde, und nichts meinen frommen Wünschen Genüge tun konnte. So war ich trotz meinem vermeintlichen Geborgensein ein unbefriedigter und zerrissener Mensch, der der Tretmühle des Himmelhoch-jauchzend und Zu-Tode-betrübt rettungslos ausgeliefert war.

Zu diesem seelischen Prozess kam nun der unmittelbare Eindruck, den die Fabrik, das Arbeiterleben und der Sozialismus auf mich machten, eine für mich vollständig neue Welt, von der mir in meinem bürgerlichen Heim nie etwas zu Gesicht gekommen war. Es ist verständlich, dass auch dieser Einfluss gewaltig auf mich wirkte und mich einfach „umwarf". Die widersprechendsten Gedanken und Bestrebungen durchzogen mich und ich hätte mich in diesem Wirrwarr kaum zurecht gefunden, wenn ich in jener Zeit nicht mit den Schriften Hermann Kutters bekannt geworden wäre.

Ich verschlang damals Kutters Bücher mit wahrem Heißhunger. Er hat mir den Weg zur Überwindung des Pietismus gezeigt. Namentlich sind mir das aufgeschlossene und vorwärts drängende Wesen seiner Persönlichkeit, sein leidenschaftlicher und glühender Protest gegen Kirche und Gesellschaft usw. sehr nahe gegangen. Seine Schriften wurden für mich zu einer wahrhaften Befreiung aus engen Mauern.

Kutter gab mir aber zudem die Anleitung, den Sozialismus zu verstehen, ohne das Christentum aufgeben zu müssen. Er hat mir die Möglichkeit geschaffen, auch dieser Bewegung und den Fragen, die sie den heutigen Menschen stellt, offen gegenüber zu treten. Darum wurde mir die Zeit meines Fabrikaufenthaltes zu einer Gelegenheit, unermesslich viel zu lernen. Vor allem kam ich dabei dem Volk nahe wie nie mehr seither und lernte mich in die Mentalität und Empfindungsweise des Arbeiters hineinzuversetzen, gewann ein Verständnis für ihr schweres Dasein mit all seinen Leiden und Sorgen. Obgleich ich mich nie dazu entschließen konnte, mich auch politisch in die Reihen der Arbeiter zu stellen, so geht mir doch das Dasein des arbeitenden Volkes auch heute noch unmittelbar nahe und sei es auch nur als beständiges „schlechtes Gewissen", das ich habe und das mich nicht zur Ruhe kommen lässt gegenüber ihrer Existenz.

V.

Wenn ich nun zum Schlusse noch etwas über meine Studien auf der Universität sagen soll, so fühle ich deutlich, dass mir diese Zeit noch so nahe steht und ich noch so wenig Distanz von ihr gewonnen habe, dass ich sie auch noch nicht klar und abgeschlossen überschaue. Deshalb kann ich dieser Zeit noch nicht objektiv gegenüber treten und ist das, was ich darüber zu sagen habe, nicht anders zu verstehen denn als ein vorläufiger Rechenschaftsversuch.

Wenn ich mir heute, nachdem ich fünf Jahre auf der Universität zugebracht habe, versuche darüber klar zu werden, was das Bedeutendste und Wertvollste dieser Zeit für mich war, so muss ich ohne Zögern antworten: es ist das Bekanntwerden mit der Wissenschaft, konkreter gesprochen, mit der Historie. Es versteht sich nach meiner religiösen Entwicklung von selbst, dass ich mit einem starken Vorurteil gegen die „gottlose Wissenschaft" die Universität bezog. Kutter versuchte, mir dieses Misstrauen in persönlichen Gesprächen auszureden; unbewusst war es aber trotzdem wirksam und zwar bedeutend stärker als ich mir damals selbst eingestand. Dass ich mich von der Notwendigkeit und Unumgänglichkeit der wissenschaftlichen Probleme nicht nur überzeugte, sondern sie heute als einen Teil meiner eigenen Fragestellung betrachte, das ist es, was ich vor allem der Universität verdanke. Ich verstehe dies folgendermaßen:

Ich hatte von meiner Schulzeit her ein lebhaftes Interesse an der Geschichte. Vom ersten Semester an beschäftigte ich mich vorwiegend mit der Kirchengeschichte als der Disziplin, die mir während meines ganzen Studiums am meisten Freude bereitete. Nun war diese Beschäftigung mit der Kirchengeschichte zunächst einfach der Ausfluss meines Interesses an dem Reichtum und der Mannigfaltigkeit religiöser Gestalten und Möglichkeiten. Im Laufe dieser Beschäftigung aber erwuchsen mir daraus ganz andere Probleme. Es war die Frage der Methode, die sich mir bei der Vergleichung verschiedener Darstellungen der Kirchengeschichte aufdrängte, und an ihr ging mir das Wesen der Wissenschaft auf. Nicht von einem Tag zum andern wurde es mir klar, aber in einem langsamen Prozess, den ich auch jetzt noch nicht als abgeschlossen betrachte, dass, wenn schon historisch gefragt und geforscht werden soll, es sich nur um eine sogenannte wertfreie Forschung handeln kann. Darunter verstehe ich eine Forschung, die – weil es keine absolut voraussetzungslose Wissenschaft geben kann – wenigstens sich bemüht, nach Möglichkeit jede Tendenz auszuschalten, die vom Willen beherrscht ist, frei zu sein von jeder Bindung, die sich in Zucht nimmt, ihren eigenen Standpunkt nicht immer mit dem Stoff zu vermengen. In dieser Richtung denke ich mir auch meine weitere Beschäftigung mit der Kirchengeschichte. –

Diese Art des Eingehens auf die Historie hat mich jedoch in eine gewisse Spannung zu meiner religiösen Einstellung gebracht. Ich will es nicht verschweigen, dass mir diese Spannung schon schwere Stunden bereitete. Trotzdem möchte ich nicht, sie wäre nicht vorhanden. Einerseits weil ich glaube, dass sie einfach nicht zu umgehen ist, und andererseits weil sie mich davor bewahrt hat, in Selbstsicherheit zu erstarren.

Walter Nigg

Geständnis[1]

Vor etlichen Jahren besuchte ich das Kloster „La Valsainte", um ein konkretes Bild vom Leben der Kartäuser zu bekommen. Der Gastpater beantwortete mit einer rührenden Geduld meine vielen Fragen. Auch gab er bereitwillig Auskunft über Dinge, die ihm offensichtlich nicht angenehm waren, so zeigte er mir einen Bußgürtel, den die Mönche heute noch tragen. Zuletzt sagte der freundliche Pater: „Haben Sie nun alles gefragt, was Sie wissen wollten?" Auf meine Erwiderung, das Leben der Kartäuser stehe jetzt ganz lebendig vor meinem Geiste und ich hätte wirklich nichts mehr auf dem Herzen, rückte der Pater seinen Stuhl etwas näher an meine Seite und sprach zu mir: „Gut, aber nun erzählen Sie mir doch etwas von dem Gottesleben in Ihrer evangelischen Kirche". Die Frage kam aus der lautersten Gesinnung, und doch versetzte sie mich in eine nicht geringe Verlegenheit. Unwillkürlich schnappte ich nach Luft, hilflos irrten meine Blicke in der kahlen Mönchszelle umher, und ich fühlte, wie mir das Blut in die Wangen schoss. Der Pater hatte mich nicht nach den theologischen Strömungen im Protestantismus gefragt, sonst hätte ich ihm einige Stunden von dem Problem der Enteschatologisierung, von der dialektischen Theologie und ihrer Rückkehr zu den Reformatoren, von der Diskussion zwischen Theologie und Naturwissenschaft usw. erzählen können. Aber danach hatte mich der Pater nicht gefragt, die gelehrten Auseinandersetzungen der Theologen beschäftigten ihn sichtlich nicht sonderlich. Vom Gottesleben im Protestantismus begehrte er zu hören, wie er auch mir ausschließlich von der religiösen Lebensführung im Kartäuserkloster berichtet hatte. Es ist mir entfallen, was ich in meiner Verlegenheit gestammelt habe; meine Antwort war kläglich und stand in keinem Verhältnis zu der Tiefe seiner Ausführungen.

1 Aus: Walter Nigg, Heimliche Weisheit. Mystisches Leben in der evangelischen Christenheit, Artemis Verlag: Zürich – Stuttgart 1959, S. 7f und 12f.

Nach Beendigung des Besuches fuhr ich zu Tal, voller Eindrücke von der ernsten Frömmigkeit des klösterlichen Lebens in der Kartause und im Bewusstsein, dass mir eines der stärksten und unvergesslichsten Erlebnisse widerfahren war. Noch lange sah ich vor mir die leuchtenden Augen des von einer inneren Fröhlichkeit erfüllten Paters, der mich in eine mir bis dahin unbekannte Welt hineinschauen ließ. Nie mehr ist das von einer wirklichen Gottesstille erfüllte Kloster aus meiner Erinnerung entschwunden, und noch oft habe ich in schlaflosen Stunden an das mitternächtliche Gotteslob der Kartäusermönche denken müssen. Aber ebenso brannte in meinem Gewissen das Versagen gegenüber der Aufforderung des Paters, ihm vom Gottesleben in der evangelischen Christenheit zu erzählen. Nicht schmerzte mich, dass ich eine beliebige Frage nicht zu beantworten vermocht hatte. Kein Mensch kann über alles Auskunft geben, und man muss nur wenig von Sokrates begriffen haben, um nicht beständig vom kleinen Umfang unseres Wissens durchdrungen zu sein, das in eine viel größere Unwissenheit eingetaucht ist. Wäre es eine Nebenfrage gewesen, dann hätte ich mir mein beschämendes Stottern ohne weiteres verziehen, aber ich war in einer zentralen Frage die Antwort schuldig geblieben. Ich war nicht fähig gewesen, über das Gottesleben in der evangelischen Christenheit ein anschauliches Bild zu zeichnen. Es war eine Schmach und eine Schande, dass ich nicht imstande war, dem Wunsche des Mönches zu entsprechen, und das Versagen bohrte unablässig in mir.

Gab es kein Gottesleben in der evangelischen Kirche, wie es die Kartäuser Tag und Nacht so eindrucksvoll in ihrem Kloster lebten? Das konnte doch gar nicht der Fall sein! Vielmehr wusste ich nichts oder doch nur ganz ungenügend davon. Immer wieder beschäftigte mich die Frage, was ich dem Pater hätte erzählen können und sollen. Nach längerer Überlegung fasste ich schließlich den Entschluss, mit aller Leidenschaft dem Gottesleben in der evangelischen Christenheit nachzuspüren. Sicherlich war etwas davon in den Menschen vorhanden, die ihr eigenes Leben in verzehrendem Helferwillen an ihren schwachen und gefährdeten

Mitmenschen verströmten, und an solchen von der Liebe Christi durchdrungenen Gestalten ist die evangelische Christenheit nicht arm. Noch unmittelbarer leuchtete es mir aber aus den in einer mystischen Verbindung mit dem Allmächtigen stehenden Christen entgegen. Im mystischen Leben blüht die Gottestrunkenheit wie eine Rose auf, und wenn von ihr ein Zeugnis abgelegt werden sollte, war meine Aufgabe klar umrissen: die Mystik im evangelischen Raume darzustellen [...]

Es ist nicht die Meinung des Verfassers, dass die ganze evangelische Christenheit jetzt mit fliegenden Fahnen ins Lager der Mystik hinüberwechseln sollte. Das kann sie gar nicht, wenn sie es auch wollte. Mystik war nie für die breiten Massen berechnet, sie kam mit ihren hohen, inneren Ansprüchen immer nur für eine Minderheit in Frage. Es geht die kleine Herde an – die nichts mit dem schöngeistigen Elitebegriff zu tun hat –, jenes unverzagte Häuflein, das in aller Verborgenheit sich als das Salz auswirkt, von dem die Bergpredigt redet. Das Gottesleben der Mystiker ist kein egoistisches Seligkeitschristentum, wie oft missverständlich geargwöhnt wird, das überzeitliche Gespräch der Heiligen mit dem Ewigen ist vielmehr stellvertretend und kommt der ganzen Christenheit zugute. Das mystische Leben ist ein durchdringendes Ferment, auf das zu verzichten so viel bedeutet wie das Beste auszuscheiden. Ohne die Pflege der heimlichen Weisheit treibt die evangelische Christenheit einer katastrophalen Verkümmerung entgegen. Mögen Kirchenkonferenzen und Kirchentagungen, theologische Auseinandersetzungen und kirchliche Betriebsamkeit noch so notwendig sein, die Christenheit lebt doch nicht von ihnen, sondern einzig von jenen äußerlich unansehnlichen Christen, die, einer unterirdischen Strömung gleich, in aller Stille in einer beständigen mystischen Verbundenheit mit Gott verglühen. Von ihnen, und von niemand anderem wird die innere Rettung ausgehen – dieses Geständnis wünscht den nachfolgenden Skizzen den Charakter eines Bekenntnisses zu verleihen.

Epilog[1]

In meiner Studierstube steht kein moderner Diplomatenschreibtisch, auf dessen weiter Fläche es sich bequem schreiben lässt, sondern ein altmodischer, nicht unschöner Schreibtisch, der von den Vorfahren stammt. Als ich ihn in Besitz nehmen durfte und bei dieser Gelegenheit die zahlreichen Schubladen untersuchte, fand sich unter vielen Briefschaften und Papieren ein gelbes Couvert, mit braunem Siegellack verschlossen. Beim Öffnen fielen einige Blätter heraus, mit deutscher Schrift waren sie beschrieben, und die verblichene Tinte hatte noch einen blassen Schimmer, gerade kräftig genug, um die Worte zu entziffern. Die Ausführungen trugen weder Unterschrift noch Datum, so dass über den Verfasser nur Vermutungen angestellt werden konnten – wahrscheinlich hatte er an seine Enkel gedacht. Die Überschrift erweckte meine Neugierde, und ich begann die verschnörkelten Schriftzüge sogleich zu lesen, die offenbar in einer stillen Stunde dem Papier und nur ihm allein anvertraut worden waren. Der Inhalt stimmte mich nachdenklich, sooft ich ihn seither las, und jahrelang bewahrte ich die Blätter pietätvoll am gleichen Orte auf. Diese Aufzeichnungen scheinen mir nicht ungeeignet zu sein, eine Skizze des mystischen Lebens in der evangelischen Christenheit würdig abzuschließen, da auch sie sichtlich in einem Zusammenhang mit der heimlichen Weisheit stehen. Die Vermächtnisblätter bedürfen keiner weiteren Erläuterung, das Dokument spricht deutlich genug für sich selbst, und ohne eine Silbe hinzuzufügen, sei es hier angeführt:

1 Aus: Walter Nigg, Heimliche Weisheit. Mystisches Leben in der evangelischen Christenheit, Artemis Verlag, Zürich und Stuttgart 1959, S. 487-490.

Eine vertrauliche Mitteilung

„Mehrfach ist mir der Gedanke gekommen, und es scheint mir, ich bin auf dem schmalen Weg mit der Überlegung, dass erst die Verstorbenen und nicht schon die in der Buntheit des Daseins verstrickten Menschen das Leben richtig zu deuten verstehen. Während ich dies schreibe, zähle ich zwar noch nicht zu den Verewigten; im Moment aber, da ihr, meine Nachkommen, die persönlichen Zeilen leset, liege ich schon auf dem Gottesacker und gehöre dem jenseitigen Land an, dem Land, in dem alle Dinge in ein anderes Licht gerückt sind. Der seltsame Umstand, wie mich bedünkt, verbietet allzu viele Worte, ganz besonders solche, die nur der irdischen Eitelkeit frönen.

Ich möchte hier nicht meinen einfachen Lebenslauf erzählen – oh, ich achte ihn nicht gering, denn ich weiß wohl, dass meine lange Lebensreise ein Geschenk des Allerhöchsten ist, für das ich bei allem Schweren, das sie enthielt, nur aufrichtig danken kann. Davon abgesehen, kann im Angesicht der Ewigkeit die Lebensgeschichte von wenig anderem handeln als von sündhafter Verzögerung, um nicht zu sagen von schlimmer, lässlicher Versäumnis. Außer den vielen Unzulänglichkeiten gäbe es wenig zu berichten, vor allem nichts Rühmliches, wohl aber manches zu Bereuende; ja, und wenn man erst mit Ernst das menschliche Leben bedenkt, so findet sich gar kein anderes Wort dafür, als jenes, das der Heiland gesprochen hat: ‚Wir sind unnütze Knechte, wir haben getan, was wir zu tun schuldig waren.‘

Der Schreibende will eine Begebenheit aus der Biographie seiner Seele erwähnen, die um mehreres wesentlicher ist als die frohen und traurigen Wechselfälle des Lebens, die jetzt ohnehin im Lethestrom zu versinken im Begriffe sind. Das Innere wiegt immer mehr als das Äußere, bei dem das Menschenkind wohl irgend etwas erkennt, sich in der Folge ein Bild davon macht und am Schluss sich des Gefühles nicht erwehren kann, nur das Allergröbste erfasst zu haben oder gar einer ihm übel mitspielenden Täuschung zum Opfer gefallen zu sein. Über das wichtigste Ereignis meiner inneren Lebensgeschichte habe ich zu meinen Lebzeiten zu keinem Menschen auch nur ein Sterbenswörtchen gesagt; wenn ich aber nicht mehr der Zeitlichkeit verhaftet sein werde, dann darf die vertrauliche Mitteilung gelesen werden, ohne dass damit eine Untreue begangen würde.

Aus meiner frühesten Kindheit besitze ich eine Erinnerung, die sehr deutlich vor mir steht, wohl deshalb, weil meine geliebte Mutter sie mir später manchmal in scherzendem Tone vorgehalten hat. Die kleine Episode spielte sich in meinem vorschulpflichtigen Alter ab und hat mit einer Charaktereigentümlichkeit von mir zu tun, die darin besteht, dass ich mich schon damals am liebsten zu Hause aufgehalten habe. Meine Mutter, durch viele Arbeit stark in Anspruch genommen, versuchte mich des öftern zu überreden, mich in die kleine, dem Hause gegenüberliegende Gartenanlage zu begeben, um dort an einem Sandhaufen zu spielen. Nach langem Überredungsaufwand hatte sie mich so weit gebracht, dass ich endlich mit meinem blauen Kesselchen und dem dazu gehörenden Schäufelchen abzog. Aber es vergingen kaum fünf Minuten, so läutete die Türglocke, und ich stand zur Enttäuschung und Verwunderung meiner Mutter schon wieder da. Auf die erstaunte Frage der Mutter, warum ich denn schon wieder heimkomme, habe ich die Antwort gegeben: ‚Die andern Kinder lassen mich doch nicht allein.'

Es war ein bloßes Kindersätzlein, im Alter von vier Jahren gesprochen, aber wie es hie und da im Leben geschieht, ist auch in diesen paar Worten mein späteres Schicksal vorweggenommen: allein zu sein! Schon als kleines Kind wollte ich nicht mit den Nachbarskindern spielen, und später fand ich den nahen Kontakt zu einem Kameraden nicht mehr. Ich habe während meiner Schulzeit keinen Freund gehabt, mit dem ich eine innigere Zwiesprache hätte pflegen können, etwa in der Art: Mich dünket, dies sei so, was meinst du dazu? Das Glück der Freundschaft blieb mir versagt, jener Freundschaft, die im Alten Bund mit den Worten geschildert wird: das Herz Jonathans verband sich mit dem Herzen Davids. Nie habe ich die Süße dieser Worte erlebt. Während meiner Semester im nördlichen Deutschland habe ich kaum mit einem Studenten nur ein Wort gewechselt; am Abend hörte ich sie manchmal von ferne ihre fröhlichen Lieder singen, ich aber saß allein in meinem Zimmer und las. Zurückgekehrt in die Heimat, habe ich nur ganz am Rande der Universität geirrlichtert und bin auch da keinem Kommilitonen nähergetreten. Über Probleme, die mich in meinem Beruf beschäftigten, konnte ich mit keinem Manne reden, es begegnete mir auch keiner, von dem ich das Gefühl empfangen hätte, er werde von den gleichen Gedanken bewegt.

Ich schreibe dies nicht in einem klagenden Sinn. Ist es nur mir so ergangen? Ist dieses Alleinsein nicht das Los gar vieler Menschen geworden, namentlich seitdem der erste Pfiff der Eisenbahn die Menschen eher weiter auseinanderrückte? Sie sind sich durch das Dampfross doch nicht nähergekommen. Der kindliche Wunsch, allein zu sein, wurde zur Bestimmung meines Lebens, wenn es mir auch nicht immer leicht fiel, mich ihr zu unterziehen. Es war mir in keiner menschlichen Gesellschaft wohl zu Mute, ich fühlte mich deplaziert, als gehörte ich nicht dazu. Dieses Gefühl des Fremdseins unter den Menschen erfuhr eine Milderung durch meine Ehe, indem meine Gattin mir viel verstehende Liebe entgegenbrachte und mich davor bewahrte, gänzlich zu einem grillenhaften Eigenbrötler zu werden, wozu ich Anlage und Neigung besaß. Trotzdem litt ich in manchen Stunden darunter, dass mir die Freundschaft mit gleichgesinnten Männern verwehrt war. Mehr als einmal ist der Wunsch nach einem geistigen Seelenaustausch brennend in mir aufgestiegen. Die Sehnsucht konnte und durfte keine Erfüllung finden, schon wegen meiner ungeselligen Lebensweise und dann noch mehr meiner Arbeit wegen, die keine Zerstreuung ertrug.

Da geschah es einmal – nur zögernd und errötend schreibe ich es nieder –, da inmitten des quälenden Bewusstseins um die versagte Gemeinschaft eine Stimme leise und deutlich in mir sprach: Was begehrst du Freundschaft mit Menschen, die gewöhnlich doch mit Enttäuschung endigt, während du doch jederzeit die

Freundschaft des Allerhöchsten haben kannst! Ich erinnere mich des Tages, als wäre es gestern gewesen, weiß die Örtlichkeit, wo die innere Stimme es mir zuflüsterte, weiß, dass es um die Mittagszeit zwischen ein und zwei Uhr geschehen ist. Nie mehr habe ich diese Eingebung von oben vergessen, das Innerste und Höchste zugleich hat sich in mir aufgetan. Die direkte Antwort Gottes auf meine Frage der Einsamkeit fiel auf den Grund der Seele und löste in mir ein ähnliches Seligkeitsgefühl aus, wie ich es verspürte, als ich einst mitten in der Nacht erwachte, weil ich im Traume die Worte aus einer Kantate Johann Sebastian Bachs laut gehört hatte: ‚Und habe mich mit dir in Ewigkeit vertraut.'

So begann in meinem Leben das, was ich beschämt, bestürzt und beglückt zugleich als seine größte Gabe empfand: die Gottesfreundschaft! Das im Hinblick auf Abraham geschriebene Wort im Jakobusbrief ‚und ist ein Freund Gottes geheißen' schwebte mir fortan als hohes Vorbild vor den Augen, und wie eine entzückende Melodie klang es mir in den Ohren. Was vom Vater des Glaubens Großes berichtet wurde, dem wollte ich im Kleinen nachstreben. Gott schenkt den Menschen seine Freundschaft, und der Mensch hat sie demütiglich entgegenzunehmen als das, was sie ganz sicher ist: der Seelen Seligkeit, die ihn für alle vermisste Menschenfreundschaft tausendfach entschädigt. Kaum mehr hat sich seither nur eine Stunde das Gefühl des Alleinseins eingestellt, dieweil es immer von jener Entschlossenheit überflutet wurde, welche der alte Liederdichter in die Worte kleidete: ‚Ich will dich lieben, o mein Leben, als meinen allerbesten Freund.' Nie habe ich mir eingebildet, ich sei der einzige Mensch, der dieser tröstlichen Gottesfreundschaft gewürdigt wurde. Im Gegenteil, ich bin tief überzeugt davon, dass vor mir ungezählte Menschen das gleiche erlebt haben: die Erfahrung von der immerwährenden Anwesenheit Gottes, welche der innerste Kern der Gottesfreundschaft ist. Bedauert habe ich zuweilen einzig, dass die Gelehrten, die doch so viele Bücher geschrieben haben, noch nie die Gottesfreundschaft zu erforschen versuchten. Wahrscheinlich hätten sie aber mit ihrem allzu klugen Verstand das unergründliche Geheimnis doch verfehlt. Die Gottesfreundschaft lehrte mich, das innere Leben immer besser zu verstehen, was Wunder, dass meine Gedanken und Gefühle stets ausschließlicher um dieses eine Thema kreisten. In aller Bescheidenheit darf ich feierlich beteuern, dass das verborgene Innenleben für mich zu der stärksten Wirklichkeit wurde, der gegenüber alles andere verblich. Von ihm hier näher und ausführlicher zu reden, wäre ein Verstoß gegen die Anweisung des Herrn Jesu, in das stille Kämmerlein zu gehen und die Türe zuzuschließen, ganz abgesehen davon, dass es meine geringe Ausdrucksfähigkeit bei weitem übersteigen würde. Es braucht davon nichts weiter bekannt zu werden als nur das Eine, dass es real, bedrängend und erfüllend vorhanden war und dass die Gewissheit leuchtend in mir lebte: ‚Ich werde mit euch wohnen in eurem Hause.'

Nachdem ich dies mitgeteilt habe, bleibt mir weiter nichts mehr zu sagen übrig. Es war mir nur darum zu tun, ein Zeugnis abzulegen über die unendliche Freude, welche die Freundschaft mit dem Ewigen in sich schließt. Aller Ratlosigkeit bereitet sie ein Ende. Und wenn einst mein armer Lazarus in Abrahams Schoß ist, wird die Gottesfreundschaft noch eine viel intensivere Steigerung erfahren. Es wird nach mir wieder Menschen geben, die sie bewusst pflegen, und es wird die wahrhaft freundschaftliche Beziehung zum höchsten Gut der Güter gar nie aufhören, dieweil gestern, heute und morgen das glückselige Wort Christi aus dem Johannes-Evangelium den Jünger mitten ins Herz treffen wird: ‚Ihr seid meine Freunde.'"

Wie Lily Nigg-Kölliker starb[1]

Ein Buch pflegt man dem Menschen zu widmen, der mit dessen Inhalt auf eine besondere Weise verbunden ist. Wenn aber der Tod diese Widmung unmöglich gemacht hat, dürfte es ausnahmsweise erlaubt sein, an Stelle der Zueignung das Sterben dieses Menschen zu skizzieren, welches verdient, in einem kleinen Denkmal festgehalten zu werden. Freilich bedarf es dazu der Überwindung denkbar stärkster innerer Hemmungen, um tiefstes Erleben der Öffentlichkeit preiszugeben. Aber wenn es sich um eine Tote handelt, die Anspruch darauf hat, in ihrer letzten Handlung verstanden zu werden, hat jegliche persönliche Scheu zurückzutreten.

Was einen berechtigt, inmitten des heutigen Kriegsgeschehens, welches die ganze Welt in ihrer Tiefe erschüttert und fast niemanden des Leidens mehr ungeübt sein lässt, dieses Einzelschicksal herauszuheben, ist die seltene Aufgabe, die ihm gestellt wurde. Während es sonst des Menschen Aufgabe ist, sein Leben zu gestalten, ihm Sinn und Inhalt zu geben und auf den Tod zu warten, um ihn geduldig zu empfangen, wann und wie der Unerbittliche an ihn herantritt, hat Lily Nigg, man kann es nur mit Schaudern sagen, vom Schicksal die außergewöhnliche Aufgabe zugewiesen erhalten, ihren Tod zu gestalten. Jedenfalls glaubte sie selbst nach jahrelangem innerem Ringen, dass es nicht ihr Los sei, in Passivität zu verharren, bis ihr Lebenslicht ausgelöscht würde, sondern das Schicksal habe ihr selbst den genauen Zeitpunkt bestimmt, dass sie nun ihre unbegreifliche Aufgabe auszuführen habe. Um es gleich vorwegzunehmen, weil sie diese Aufgabe in ergreifender und fast vollendeter Weise löste, verdient sie es, dass man ihrer in dieser Form gedenkt.

---

1 Aus: Walter Nigg, Religiöse Denker, Bern 1942, S. 377-387.

Es war ein nicht alltäglicher Mensch, dem eine solch ungewöhnliche Tat zugemutet wurde. Damit will nicht gesagt sein, dass diese Frau keine Fehler hatte, was niemand mehr abgelehnt hätte als sie selbst. Aber sie war eine echte Individualität, was wohl jeder spürte, der mit ihr in nähere Berührung kam, etwas, was freilich nur wenigen beschieden war. Lily Nigg war ein bis zur Verschlossenheit verhaltener Mensch, zu dem man nur schwer einen Zugang gewann. Obschon ausgeprägte Sympathie- und Antipathieeinstellungen ihr Wesen beherrschten, war das Geheimnis ihrer Seele eine ungemein starke Liebe. Das war der Schlüssel zu ihrem Innern, und wo sie nicht zu lieben vermochte, war sie hilflos und versagte restlos. Wenn sie aber einen Menschen in ihr Herz geschlossen hatte, so konnte sie mit ihrem grenzenlosen Gefühl Unmögliches für ihn tun. Ihr geheimes Ziel, über das sie nie sprach, war, in „Liebe zu verströmen". Dem Ideal der sich verschwendenden Seele ist sie in einem erstaunlichen Maße nahe gekommen. Diese Liebe ließ sie auch bei ihrer Verheiratung nur auf den Menschen und in keiner Weise auf die soziale Stellung achten. Während ihrer ganzen Ehe nahm sie, trotz ihrer mehr nach der naturwissenschaftlichen Seite hin tendierenden Veranlagung, an den geistesgeschichtlichen Arbeiten ihres Mannes innigen Anteil und hat mit ihrem tiefen Verständnis geholfen, sie in lesbarer Form für den Druck fertig zu stellen.

Auf den Gedanken, es sei ihr die schwer verständliche Aufgabe aufgetragen, ihren Tod selbst zu gestalten, kam Lily Nigg, weil sich ihr das Leben selbst immer mehr als Feindin entgegenstellte und sie fortwährend an ihrer Lebensaufgabe scheitern ließ. Denn es hielt sie schon früh als eiserne Fessel ein unheilbares Gemütsleiden umklammert. Wie sie versucht hat, sich von dieser Fessel zu befreien, und wie gerade diese Versuche sie stets nur noch tiefer in ihr Leid hineinstießen, das tägliche Martyrium, das ihr aus dieser fürchterlichen Krankheit erwuchs, und auf wie lange Jahre es sich erstreckte, all das müsste, um es richtig zu verstehen, ausführlich dargelegt werden. Aber diese Darstellung wäre eine äußerst bemühende Aufgabe, denn das Leben selbst hat Lily Nigg nur als Schiffbruch erlebt. Nicht einmal all das, was sie ihrer Willenskraft abrang und mit ihrer großen Liebe zu ihrem Mann und ihren Kindern an wirklichen Lebenswerten schaffen ließ, hat die Krankheit in ihren Augen gelten lassen. Obschon sie in ihren reiferen Mädchenjahren oft Nächte hindurch geweint hatte, kam ihr Gemütsleiden zum eigentlichen Ausbruch erstmals kurz nach ihrer Verheiratung im Anschluss an eine schwere, von den Ärzten nicht diagnostizierbare Sepsis. Nach dieser Krankheit zeigte sich eine erste schwere Depression, und diese Anfälle wiederholten sich nach längeren oder kürzeren Zwischenräumen, besonders tief jeweils, nachdem sie ihren beiden Kindern das Leben geschenkt hatte. Seither lastete eine richtige Melancholie auf ihr und ließ sie die Schwere ihres Gemütes als drückende Last empfinden. Ihrem Wesen war zwar nichts Finsteres eigen, wohl aber oft etwas unendlich Trauriges, das sie zwar nach außen in der Regel geschickt zu verbergen wusste. Die starke Nervosität, unter der sie seit ihrer Jugend ebenfalls litt, wirkte sich für ihre Schwermutsanwandlungen gravierend aus. Furchtbare Minderwertigkeitsgefühle beschlichen sie jeweils und untergruben das an sich geringe Selbstvertrauen auf eine beängstigende Weise. Es war keinem Menschen auf die Dauer möglich, sie von diesen peinigenden Gefühlen zu befreien. Die Krankheit war es, die keine Freude in ihrer Seele leben ließ und das kleinste Feuerchen sofort auslöschte. Wenn sie sich doch an etwas freute, so blieb unweigerlich die Krankheit die Herrin und stieß sie als Reaktion auf die Freude in die schwärzeste Melancholie zurück. Alles sah sie in solchen Stadien in pechschwarzer Dunkelheit und fand in diesen Zeiten nicht einmal mehr den Weg zu ihren geliebten Büchern. Es lässt sich mit wenigen Worten nicht beschreiben, wie dämonisch diese Krankheit auf ihr Leben sich ausgewirkt hat und sie trotz ihrer Klugheit und Tatkraft mit den alltäglichsten Dingen des Haushaltes wie mit schwersten Problemen ringen ließ. Wie hohe Berge standen die geringfügigsten Dinge vor ihr und türmten sich zu unübersteigbaren Schwierigkeiten für sie auf. Mit welcher Selbstquälerei hat sie sich in diesen Zuständen jeweils angeklagt. Alle aufmunternden gütigen Worte vermochten die Wand dieser maßlosen Selbstbeschuldigungen kaum zu durchbrechen. Viele nächtliche Stunden hat sie sich in ihrer Schlaflosigkeit auf ihrem Schmerzenslager gewälzt, in die Finsternis geschaut und die langen Stunden gezählt, um erst gegen Morgen etwas einzuschlummern. Und viele heiße Tränen sind über ihre Wangen geflossen und machten sie zuletzt an ihrem ganzen Körper zittern. Die niederdrückenden Kriegsgeschehnisse der letzten Zeit ließen ihre Schwermut in einem erschreckenden Maße zunehmen, steigerten sie in ein unfassliches Tempo und ließen Lily Nigg kaum noch eine Atempause erleben. Zwar hoffte sie immer wieder, dass die dunklen Gewalten doch noch weichen würden, aber die Depressionen kamen immer wieder. Ihre Augen begannen in den Stunden dieser Qual ruhelos in namenloser Angst umherzuirren wie ein gehetztes Tier, so dass es einem das Herz zerriss und man wegschauen musste.

Die Schwere dieses Gemütsleidens ließ in ihr den Wunsch entstehen, durch den Tod von diesen Qualen erlöst zu werden. Jahrelang ging die Sehnsucht nach dem Tod ständig als eine Versuchung neben ihr her, die sie lockte, gleich einer Stimme, die sie zu sich rief. Ihr Todestrieb wurde um so stärker, je weniger die Krankheit ein Erbarmen zeigte. Die Ärzte wussten ihr nicht viel zu sagen; sie erklärten ihr Leiden als konstitutionell bedingt und rieten zu häufigen, jährlich mehrfachen Erholungsaufenthalten, was sie nicht anders als das Urteil „unheilbar" empfand. Sie selbst war eine viel zu wahrhafte Natur, als dass sie sich etwas vorgemacht oder sich von jemandem mit billigen Argumenten hätte trösten lassen. Sie beobachtete sich selbst unaufhörlich, und es blieb ihr nicht verborgen, dass die Krankheit nicht nur nicht gleich blieb, sondern Fortschritte machte. Immer häufiger kehrten jene Stunden und Tage wieder, in denen ihr jegliches Arbeiten verwehrt blieb, wo ihre Seele in schwarzes Dunkel versank und sie nur vor sich hinstarren oder unaufhörlich weinen konnte. Sie spürte es, wie die Krankheit ihre Fähigkeit der Konzentration und der Entschlusskraft immer stärker angriff. Und umgekehrt wirkten alle diese Selbsterkenntnisse aufs neue deprimierend. Es war ein furchtbarer circulus vitiosus, ein Kreis, aus dem es kein Entrinnen gab. Verstärkt wurde ihre Niedergeschlagenheit durch den wegen ihrer Nervosität bedingten frühen Zerfall ihrer Kräfte, der ihr das quälende Bewusstsein gab, in verhältnismäßig noch jungen Jahren nicht mehr das zu sein, was sie früher einst war. Sie fürchtete immer mehr, für ihre Umgebung eine Kette zu werden, welche dieselbe beständig nachschleppen müsse, ein Bild, das sie sich nicht ausreden ließ. Durch diese Überlegungen wurde in ihrem Innern der Gedanke geweckt, bei dieser unglücklichen Veranlagung sei es für einen Menschen am besten, freiwillig aus dem Leben zu scheiden. Solche Äußerungen gehen über zehn Jahre zurück. Das Problem des Freitodes hat sie jahrelang in fieberhafter Weise beschäftigt. Sie bemerkte hie und da, dass man einen solchen Schritt tun müsse zu einer Zeit, da man noch die seelische Kraft habe, ihn auszuführen und nicht, wenn der Zerfall zu weit fortgeschritten sei. Als sie einst auch gegenüber einer Freundin solche Gedanken äußerte und dafür eine missbilligende Antwort bekam, erwiderte sie mit schneidender Schärfe: „Dann weißt du nicht, was leiden heißt." In diesem Maß empfand sie den Tod als Befreiung von ihrer namenlosen Qual.

Was sie daran hemmte, diesem immer stärker werdenden Todestrieb nachzugeben, war einzig und allein die Sorge um ihre Angehörigen. Sie wurde vor diesem Schritt zurückgehalten, weil sie es nicht über sich brachte, ihre Kinder und ihren Gefährten allein zurück zu lassen. Zwar meinte sie einmal, dass dies doch nur ein vorübergehendes Übel wäre, das gegenüber ihrem andauernden, alles verdüsternden Leiden nicht aufkomme. Aber mit einem ausgeprägten ethischen Empfinden ertrug sie den Gedanken doch nicht, dass ihre Handlung, ihre Flucht vor der Qual in den Tod als ein Akt der Treulosigkeit aufgefasst werden könnte. Es war für sie eine unerträgliche Vorstellung, dass man in ihrem Weggang eine egoistische Tat sehen würde. Darum kämpfte sie stets mit den ihr verbliebenen Kräften gegen diese Todessehnsucht an, so sehr sie sich nach der Ruhe von ihrem fürchterlichen

Leiden sehnte. Es darf mit größter Bestimmtheit ausgesprochen werden, dass sie ihr Vorhaben nie ausgeführt hätte, nur um allein für sich die Erlösung von ihrer Krankheit zu erreichen.

Die Situation erfuhr erst dann ihre grundlegende Änderung, als sich bei ihrer häuslichen Umgebung nervöse Beschwerden einstellten und sie die Wirkung ihrer Krankheit auf die heranwachsenden Kinder sah. Jetzt überfiel Lily Nigg wie mit Zentnerlast eine neue Befürchtung: Mit ihrer Krankheit gefährde sie noch das Leben ihrer Angehörigen. Alle bis dahin hemmenden Argumente verloren für sie wie mit einem Schlag ihr Gewicht, und kein Gespräch vermochte auf sie noch Eindruck zu machen. Auf unentwirrbare Weise verquickte sich nun in ihrem Innern der sehnsüchtige Wunsch, ihrer von Qualen ermatteten Seele im Tode die Erlösung zu geben mit der Vorstellung, damit zugleich ihren Angehörigen eine letzte Liebestat erweisen zu können. Der eine Gedanke kam dem andern entgegen, sie gingen ineinander über, so dass sie dieselben nicht mehr auseinanderhalten konnte. Was sie nie für sich selbst zu tun imstande gewesen wäre, es im Hinblick für ihre Angehörigen zu tun, schien ihr nun möglich. Ihr freiwilliger Tod, durch den sie auch einer drohenden Internierung zuvorzukommen trachtete, erschien ihr nun nicht mehr als Treulosigkeit, sondern als etwas Gutes, das sie für ihre Nächsten tun könne. Jetzt betrachtete sie den Schritt in den Tod „als den ihr von Gott gewiesenen Weg“, den sie „still zu gehen“ habe, wie sie sich in einem ihrer Briefe ausdrückte. Bei einem Menschen, der in religiöser Beziehung von keuscher Zurückhaltung war und jede frömmelnde Verwendung religiöser Begriffe verabscheute, wiegen solche Äußerungen doppelt schwer.

Freilich war durch diese Erkenntnis ihr jahrelanger seelischer Kampf nicht beendigt, sondern wurde erst recht auf den Höhepunkt getrieben. Dabei ist nicht nur an die doch auch vorhandene Anhänglichkeit an das Leben zu denken, welche sie mit ihren schönen braunen Augen noch jede Blume im Garten, jedes Schneeglöckchen im Vorfrühling, das ganze flutende Sonnenlicht förmlich verschlingen ließ in der Vorahnung, dass sie dies alles zum letzten Male sehe, wie sie gelegentlich zu äußern pflegte. Nein, es ist vor allem auf ihre leidenschaftliche Verbundenheit mit ihrer Familie hinzuweisen. Ein unbeschreiblicher Abschiedsschmerz muss sie nicht nur bis ins Innerste aufgewühlt, sondern sie geradezu zerfleischt haben. Wochen und Monate, Tage und Nächte wurde sie, wie aus ihrem Tagebuch hervorgeht, von diesem Schmerz umhergetrieben, erschwert durch ihre krankhafte Unentschlossenheit den kleinsten Dingen gegenüber. Nicht einmal wie andere Menschen ist Lily Nigg gestorben, nein hundertmal hat sie in Gedanken die Trennung von ihren Angehörigen bis ins Letzte hinein sich genau vorgestellt und durchlitten. Etwas Licht brachte ihr in dieser unmenschlichen Seelenqual nur noch die Musik; immer wieder konnte die Welt der Töne von Beethoven und Mozart sie tief beglücken, wie denn in der letzten Zeit durch die beständige Nähe des Todes eine eigene Ruhe über sie kam, weil sie alles gleichsam schon jetzt mit dem gebrochenen Blick einer Sterbenden betrachtete.

Wann Lily Nigg den endgültigen Entschluss, aus dem Leben zu gehen, gefasst hat, weiß niemand. Ganz bestimmt muss es etliche Tage vor ihrem Tode gewesen sein. Nachdem sie sich durchgerungen hatte, richtete sie ihre ganze Aufmerksamkeit nur noch auf die Gestaltung des ihr aufgetragenen Todes. Der hart erkämpfte Entschluss gab ihr wohl die Fähigkeit, alles zu diesem Schritt Notwendige so zu tun, dass niemand aus ihrer Umgebung etwas von ihrem Vorhaben merkte. Woher hätte sie, die sonst in den Kleinigkeiten des täglichen Lebens von einer quälenden Unentschlossenheit und rührenden Hilflosigkeit war, die Kraft zur Selbstbeherrschung hernehmen sollen, die ein solcher Schritt erforderte? Sie hat diese letzte große Tat in ihrem Leben so vorbereitet und ausgeführt, dass die größtmögliche Schonung für ihre Hinterbliebenen erreicht wurde. Kein Zimmer im Haus sollte an ihren Tod erinnern, und so versagte sie sich auch die Erleichterung, daheim zu sterben. Sie nahm die unermessliche Qual auf sich, sich von ihrem Gatten und ihrem Kinde für einen Tagesbesuch in Zürich, wie sie vorgab, zu verabschieden. Die merkwürdige Tatsache, dass ihre Angehörigen, die sonst jede Stimmung ihrer Seele auf den ersten Blick erschauten, völlig ahnungslos blieben, mag dartun, wie Lily Nigg ihre ganzen seelischen Kräfte gesammelt hatte, um diesen letzten Schritt würdig und in Schönheit zu tun. Eine ungewöhnliche Gefasstheit muss über sie gekommen sein, wie sie denn ihre letzten Notizen mit den Worten begann: „Nun habe ich es getan! Ich fühle mich stark und bitte von Herzen unablässig darum, stark bleiben zu können."

Der 21. März als Tag des Frühlingsanfanges war in jenem Jahr ein wunderbarer Tag und bildete mit seinem wolkenlosen, blauen Himmel den denkbar stärksten Kontrast zu ihrem schweren Vorhaben. Sie ging zunächst die einsame Feldstraße, die vom Pfarrhaus zum Bahnhof führte, den Tod vor Augen und die Liebe im Herzen. Nach einer kurzen Bahnfahrt hatte sie in Zürich längeren Aufenthalt und benutzte die Wartezeit, um sich noch einmal photographieren zu lassen, in der Hoffnung, „etwas von dem, was in meinem Herzen der Trauer die Waage hält, in mein Gesicht zu bringen". Es wurde ein selten ausdrucksvolles Bild, denn trotz der leidvollen Züge leuchtet aus dem fragenden, ernsten Blick etwas von jener großen Güte, die sie bis zum letzten Atemzug für ihre Angehörigen gefühlt hat. Nach dem Mittagessen trat Lily Nigg die Fahrt ins Bündnerland an. Was muss wohl in ihrem Innern vorgegangen sein, als sie mit dem Zug längs des Zürichsees hinauffuhr, an dessen Ufer sie aufgewachsen war? Welche Gedanken müssen in ihrem Herzen durcheinandergegangen sein, als sie im Zuge saß, der durchs Prätigau führte, die gleiche Strecke, die sie zwei Monate vorher mit ihrem kleinen Söhnchen durchfahren hatte, da sie ihn seiner angegriffenen Gesundheit wegen nach Davos bringen musste. Mit welchen Augen muss sie die strahlende Natur angeschaut haben, als sie im Bündnerland mit einer Postkutsche und zuletzt mit einem Postschlitten auf einem ganz unwegsamen Pfad nach einem entlegenen Orte durch eine eiskalte, noch im tiefen Schnee liegende Landschaft fuhr! Dass sie gerade ein solch kleines Dörfchen in einem verlassenen Bergtale zu ihrem Sterbeort gewählt hatte, geschah aus der Erwägung, wie sie in ihren hinterlassenen Ausführungen schrieb, dass im Umkreis von mehreren Stunden kein Arzt rasch genug erreichbar sein würde, der zur Hilfe gerufen werden könnte. Um halb 7 Uhr kam Lily Nigg völlig erschöpft in A. an und stieg in einem Hotel ab, wo sie sich gleich in das ihr angewiesene Zimmer begab. Sie bestellte noch Tee und ging früh zu Bett, nachdem sie noch auf das Nachttischchen die Photographien ihrer Kinder und ihres Gatten gestellt hatte.

Dann schrieb Lily Nigg noch den letzten Abschiedsbrief. Sie hat verschiedene Briefe hinterlassen, die alle aus dem Bedürfnis hervorgegangen sind, ihre Handlung verständlich zu machen und kein Missverständnis darüber aufkommen zu lassen.

Der Brief an ihre 11jährige Tochter ist ohne Datum und trägt auch keine Unterschrift, was wohl so zu erklären ist, dass sie es nicht über sich brachte, ihn zu Ende zu schreiben. Lily Nigg hat ihre beiden Kinder, ohne den geringsten Unterschied zu machen, stark geliebt und ihnen von der ersten Stunde ihres Lebens an die sorgfältigste Pflege zuteil werden lassen. Sie hat an „Sörenchen“, dessen Namen sie in der letzten Zeit nicht mehr erwähnen konnte, ohne in Tränen auszubrechen, wahrscheinlich kaum noch zu denken gewagt. Bitter schmerzte sie noch in ihrem letzten Lebensmoment, dass sie gegenüber „Sonja, obschon mir das Herz immer und immer wieder überströmte von Liebe zu ihr“, nicht stets diesem Gefühl entsprechend zu handeln vermocht hat. „Trösten kann mich darüber nur“, – so schrieb sie in A. –, „dass ich das arme Kind von dem durch mich auf ihr lastenden Druck durch meinen Tod nun erlöse, und dass Du ihr gewiss sagen wirst, dass ich nicht so böse war, wie ich schien.“ Tatsächlich wurde ihre ausgeprägte Mütterlichkeit durch ihre große Nervosität beschattet, welche drohte, ihre ganze Beziehung zu den Kindern zu einem schweren „Komplex“-Verhältnis werden zu lassen. Das bedeutete für sie eine genau so furchtbare Vorstellung wie das Bewusstsein, die Kinder müssten unter ihrer Düsterheit leiden, was sie veranlasste, auch den „innigen Wunsch“ zu hinterlassen, dass sie „nichts Schwarzes tragen müssen“. Wie sehr Lily Nigg an ihren

Kindern hing, geht aus dem Wortlaut ihrer letzten Zeilen an Sonja hervor: „Zum Abschied von Deinem Mutti, das unsagbar unglücklich war und Dich aufs innigste geliebt hat. Ich starb im festen Glauben und Vertrauen auf das Gute in Dir, mein geliebtes Kind, das, wenn auch auf mannigfachen Umwegen schließlich doch sieghaft durchbrechen wird ... Mein letzter, heißer Wunsch ist, dass Du Deinem kleinen Brüderchen eine liebevolle, gute Schwester seiest. Und halte Dich an Tante Isabel. Ich wüsste keinen andern Menschen, der Dir wie sie Dein Mutti ersetzen kann. Sie war mir sehr, sehr lieb." – Wenn einst ihre beiden Kinder den tiefen Zusammenhang verstehen werden, der zwischen Mutterliebe und Todesgefühl besteht, werden sie vielleicht still das Wort, das Bachofen als Motto über sein „Mutterrecht" setzte, wiederholen: „Nimmer werden wir aufhören, von deiner Liebe und Treue zu reden, solange das Leben uns dauert."

An ihren Gefährten hat Lily Nigg mehrere Briefe hinterlassen, von denen der erste aus dem August des vorangegangenen Jahres stammt und der letzte die genaue Zeitangabe unmittelbar vor ihrem Einschlafen trägt. Diese Abschiedsbriefe stellen mit ihren „testamentarischen Wünschen" – die sie immer nur als Wünsche hinstellte und dazu bemerkte, dass man sich nicht daran gebunden fühlen und in allem so verfügen solle, wie es am besten sei – ein einzigartiges Vermächtnis dar. Eine grandiose Selbstlosigkeit, die, obwohl stark in ihrer Natur verankert, doch auch stets wie bei allen Menschen sich abgerungen werden musste, ist wohl das Hauptcharakteristikum dieser Briefe. Wenn sie auch aus verschiedenen Monaten stammen, so sind sie doch alle, ohne Ausnahme, auf den gleichen Ton gestimmt und variieren im Grunde einen einzigen Gedanken. Immer versichert sie ihrem Gefährten, „sein ganzes Leben lang dessen gewiss zu sein, dass ich in unveränderter Liebe und nur aus dieser unsagbaren Liebe zu Dir von Dir gegangen bin. Ich scheide in der mich zutiefst beglückenden Erinnerung an das mit Dir gelebte und geliebte Leben, und bitter ist für mich nur, dass es mir versagt war, Dich weiterhin als die begleiten zu können, die Du einst die Freude Deines Daseins nanntest. Meine letzte Bitte zu Gott ist, dass noch viele Dich beglückende und Dein Dasein erhellende Schaffensjahre vor Dir liegen mögen, und dass Dir vergönnt sei, die Vollendung in Deinem Werk zu vollbringen, die Du so leidenschaftlich suchst. Das ist mein innigster Wunsch. Sonja und Sören, Du weißt, wie ich sie liebe, und wirst es ihnen immer sagen, überlasse ich vertrauensvoll Deiner Obhut. Ich sterbe in der Hoffnung, dass für sie mein Dahingehen ein Segen sei, und dass sie einst wieder ein Mutti bekommen werden und nie, nie erfahren müssen, was eine Stiefmutter ist. Und als Letztes, mein innigst Geliebter, der Du mein Ein und Alles warst, empfange meinen Dank, der aus der tiefsten Tiefe meines Herzens kommt, Dank für Deine mich bis zuletzt umgebende, unsagbar süße Liebe, und Dank für alle menschlichen Vorstellungen übersteigende Hilfe und Güte, für Deine mir für alle Schwächen immer und immer wieder erwiesene Nachsicht und Dank, tausendfältigen Dank für alles, das Du mir aus Deinem Sein gegeben hast, das alles erst meinem Dasein Sinn und Inhalt verliehen hat. Du warst meines Lebens Anfang und Inhalt. Ich erhoffe und erflehe ein gütiges Schicksal für Euch, die Ihr das Liebste seid, das ich auf der Welt zurücklasse. Ich möchte noch vieles sagen, aber ich bin zu erschöpft, um noch ausdrücken zu können, was mich bis zum äußersten ausfüllt. Im Innersten weißt Du es aber, was Du mir bedeutet hast, und was ich für Dich fühlte: Das Höchste und Tiefste, das Menschen miteinander verbinden kann, und das verbindet uns auch über den Tod hinaus. Meine letzten Gedanken gehören in innigster Liebe Dir und den zärtlich geliebten Kindern, und meine Liebe zu Euch wird immer um Euch sein. Leb wohl Liebster. Innig, innig Deine ..."

Dann muss Lily Nigg den Todestrank zu sich genommen haben, vermutlich die fünffache tödliche Dosis. Sie verwischte sorgfältig alle Spuren, welche die Gasthofbesitzer auf den Gedanken hätten bringen können, was hier geschehen sei. Bis die Schlafmittel wirkten, hat sie aller Wahrscheinlichkeit nach in der von ihr überaus geschätzten „Apologie des Sokrates" gelesen, welches Buch unmittelbar neben ihr lag, und in welchem sich noch ein letztes Zettelchen befand, auf dem die Worte: „Im Totsein sah Rilke das Wiederwurzelhaftwerden des Wesens“ mit ihrer Hand geschrieben waren, an jener Stelle eingelegt, da Sokrates am Schlusse seiner Rede die großen Worte spricht: „Aber auch ihr sollt dem Tode mit froher Hoffnung ins Angesicht schauen und eines als unverbrüchliche Wahrheit anerkennen, den Satz nämlich, dass es für einen rechtschaffenen Mann kein Übel gibt, weder im Leben noch im Tode, und dass seine Seele von den Göttern nicht im Stiche gelassen wird. So ist auch mein Schicksal nicht ein bloßes Spiel des Zufalles, sondern ich zweifle nicht, dass es für mich das beste war, schon jetzt zu sterben und aller Mühsale ledig zu werden.“

Inzwischen müssen die Schlafmittel ihre Wirkung getan haben. Ohne schwach geworden zu sein, schlief Lily Nigg, den Blick auf die Bilder ihrer Angehörigen gerichtet, in dieser Einsamkeit, wenige Monate vor ihrem 40. Geburtstage, für immer ein. Als man sie am andern Nachmittag fand, atmete sie bereits nicht mehr, wenn auch ihre Wangen noch gerötet waren und die Leichenstarre erst am folgenden Tag eintrat. Das Antlitz hatte keinen gequälten, verkrampften Ausdruck; mit ihren über der Brust gekreuzten Armen schien sie im tiefsten Schlaf versunken zu sein.

Eine solche Todeshaltung, die sich bis zum letzten Augenblick treu blieb, ist so groß, wie sie kaum größer sein könnte. Mit ihrem Sterben hat Lily Nigg ihr heimliches Ziel, in Liebe zu verströmen, erreicht, und sie hat so den Weg zu ihrem Anfang zurückgefunden. Wenn es ihr auch wegen ihrer Krankheit nicht beschieden war, in ihrem Dasein das zu verwirklichen, was in ihrer Seele glühte, ihren Tod hat sie wundervoll geformt. Sie besaß keine romantische Philosophie des Todes, sondern sie hat sich durch die Lektüre von Rehm „Das Todesproblem in der deutschen Literatur“, Rilkes „Briefe“ und Platons „Apologie“ offenbar lange auf den Tod vorbereitet, bis sie ihn mit einem positiven Vorzeichen zu versehen vermochte, und er so ihr Leben krönte. Aber nicht auf tiefsinniges Reden über den Tod kommt es an, sondern auf das tatsächliche Sterbenkönnen, und das vermochte sie auf echt frauenhafte Art. Das Letzte hat sie auf eine Weise gestaltet, vor dem man sich nur tief verneigen kann. Sie konnte sterben, wie es nur wenigen Menschen gegeben ist, zu sterben ohne trotzige Eigenwilligkeit und frei von allem Grausigen. Sie hat das erreicht, was Rilke den „eigenen" und den „gut ausgearbeiteten Tod" nannte, sie hat dem Tode gegenüber die letzte Willigkeit aufgebracht und sich mit einer wahrhaft religiösen Gebärde ihm ruhig anvertraut. In keinem der Briefe kommt auch nur ein Wort von Angst oder Furcht vor, sie war frei von aller Feigheit und von einem grenzenlosen Mut bei dieser Selbstaufopferung erfüllt, wie sie in ihrem Abschiedsbrief betont: „Ich starb freudig und ohne Tränen, im Bewusstsein, es zu Eurer Rettung getan zu haben, als die letzte Liebestat." Mit ihrem Tod ist sie am stärksten über sich hinausgewachsen und ist alles, was noch klein war an ihr, damit ausgelöscht worden. Das Größte daran ist, dass sie es vermochte, aus etwas Negativem, ihrem hoffnungslosen Gemütsleiden, das ihr ganzes Dasein untergrub und zur täglichen Qual machte, zuletzt etwas Positives, eine Liebestat zu machen. Sie hat ihre Tragik in einer unendlich seelischen Anstrengung schließlich zu einem Triumph verwandelt, so dass ihr unablässiges nächtliches Ringen nicht ohne Frucht blieb.

Wenn man sich fragt, aus welcher Kraft Lily Nigg bei völliger Klarheit des Geistes diesen Opfertod zu vollbringen vermocht hat, so kann darauf nur die Antwort gegeben werden: Die Liebe setzte sie dazu instande. Immer wieder versichert sie in ihren Abschiedsbriefen: „Dass ich es aus keinem andern Gefühl als der innigsten Liebe für Euch tat, weißt Du." Nur weil sie ihren Tod eindeutig aus der großen Liebe heraus tat, konnte sie ihre Ichbefangenheit sprengen und schließlich das Leben, an dem sie doch so schwer trug, in Ehrfurcht segnen, als sie es verließ. Sonst wäre es ihr wohl nicht möglich gewesen, noch die vom Glanz des Lebens zeugenden Worte an ihren Lebensgefährten zu richten: „Meine letzte Bitte an Dich ist, ich flehe Dich an, lass mich nicht umsonst gestorben sein. Du lebe, lebe, lebe und lass Dein Leben nicht beschatten durch mich. Mein letztes Gefühl ist Liebe, die höchste Liebe, die einem Menschen zu fühlen möglich ist. Das sei Dein ewiger Trost, dass ich in Liebe zu Dir gestorben bin und dass dieses Gefühl bis zum letzten Schlag mein Herz erfüllte. Du aber musst leben, auch mein ungelebtes Leben musst Du leben und darfst nicht an mir zugrunde gehen. Denke immer daran, ich starb, um Dein Leben zu retten. Diese Hoffnung und die Liebe gaben mir die Kraft." –

In der Zeit, da Lily Nigg starb, erbebte die Erde von dem zweiten Weltkrieg, der ein unvorstellbares Meer von Blut und Tränen über zahllose Menschen gebracht hat. Was hat der Tod des Einzelnen angesichts dieser Massengräber noch zu bedeuten? Und doch gilt es immer wieder, das kleine Geschehen des Einzelnen in das große Geschehen der Welt einzuordnen und die Linie zu sehen, die von dem beispiellosen Weltgeschehen der heutigen Stunde irgendwie auch zu diesem Sterben führt. Wenn man dies tut, dann wird man nicht nur Schmerz über das schwere Schicksal empfinden, das Lily Nigg beschieden war, sondern auch Stolz und Bewunderung fühlen für die Art, wie sie es zuletzt gerundet hat. Deswegen darf man wohl das Beste, was man über ein abgeschlossenes Leben überhaupt sagen kann, auch ihr gegenüber sagen: Sie hat die nur ihr gestellte, für menschliches Empfinden unbegreifliche Aufgabe erfüllt, wie man es nicht besser könnte.

Walter Nigg und seine Verlobte Lily Kölliker (1924)

Abschiedspredigt am 28. Juni 1970

„So sollt auch ihr,
wenn ihr alles getan habt,
was euch befohlen war, sagen:
Wir sind unnütze Knechte;
wir haben nur getan,
was wir zu tun schuldig waren“
(Lukas 17,10).

Liebe Gemeinde,

Wer eine Tätigkeit abschließt, muss darüber Rechenschaft ablegen. Jede Behörde und jedes Geschäftsunternehmen legen jeweils einen Jahresbericht vor. Freilich geschieht das gewöhnlich routinemäßig, weshalb die Berichterstattungen in der Regel recht langweilig zu lesen sind. Auch weiß man aus Erfahrung, dass eine Bilanz leicht frisiert werden kann, indem man gewisse Vorgänge verschleiert und damit ein nicht geübtes Auge täuscht.

Dieses Vorgehen ist in der Kirche unstatthaft, weil es gegen die Wahrheit verstößt. Bei dem Rechenschaftsbericht eines Pfarrers hat er sich zuerst eines Wortes von Martin Luther zu erinnern, der einmal gesagt hat: „Fühlst du dich aber und lässest dich dünken, du habest es gewiss und kitzelst dich mit deinem eignen Büchlein, Lehren oder Schreiben, als habest du es sehr köstlich gemacht und trefflich gepredigt, gefällt dir auch sehr, dass man dich lobe, willst auch vielleicht gelobt werden, sonst würdest du trauern oder ablassen, bist du der Art, Lieber, so greif dir selber an deine Ohren, und greifest du recht, so wirst du finden ein schön Paar großer, langer, rauher Eselsohren“. Das ist ein vorzügliches Wort Luthers, das einer Abschiedspredigt als Motto voranzustellen ist. Es wäre doch geradezu beschämend, wenn sich meine eigenen Ohren als graue Eselsohren herausstellten und ich an dieser Stätte zuletzt noch einige dumme I-A-Töne von mir geben würde.

In diesem Raume ist für eine derart lächerliche Eitelkeit ohnehin kein Platz. Hier Rechenschaft ablegen heißt doch ausschließlich, Rechenschaft vor Gott ablegen, und das ist etwas grundsätzlich anderes, als einen weltlichen Jahresbericht vorzulesen. Rechenschaft vor Gott ablegen, kann niemals darin bestehen, die Zahl der Taufen, Trauungen und Bestattungen der vielen vergangenen Jahre anzuführen, weil diese Zahlen ein rein quantitatives Denken verraten, das nichts Wesentliches aussagt. Wer sich anschickt, vor Gott Rechenschaft abzulegen, der weiß zum voraus, dass aller Ruhm, alle Verdienste, alle Selbstrechtfertigungen in ein Nichts zerfallen, weil kein Mensch vor dem Allmächtigen bestehen kann. Mit all diesen Machenschaften würde man sich nur eingestehen, keine Ahnung davon zu haben, was es heißt, vor Gott Rechenschaft abzulegen, vor Gott durchsichtig zu werden und vor Gott sich durchleuchten zu lassen, dessen Strahlen noch viel tiefer eindringen, als alle Röntgenstrahlen zusammen.

Bei einem Rechenschaftsbericht vor Gott muss man sich nach einer andern Leitlinie umsehen. Sie ist in unserem heutigen Textwort enthalten. Es ist ein Wort Christi, und die Worte Christi wiegen immer unendlich schwerer als alle anderen Worte, schwerer selbst als die Worte der Propheten und der Apostel. Christi Worte sind Autoritätsworte, die unbedingte Gültigkeit besitzen und jede geschwätzige Diskussion zum voraus ausschließen. Weder eine alte, noch eine moderne Auslegung vermögen an ihnen etwas zu deuteln oder zu drehen. Wir müssen uns den Worten Christi unterstellen und auch bei unserem heutigen Anlass sie als die einzig rechtmäßige Anleitung verstehen, wie man eine Rechenschaft vor Gott ablegt.

„Wenn ihr alles getan habt, was euch befohlen war" – so beginnt Christi Wort. Daraus geht zunächst einmal hervor, dass uns etwas befohlen ist. Einem Pfarrer ist seine Arbeit befohlen – dies ist schon in seinem ursprünglichen Titel „verbi divini minister" angedeutet, das heißt auf deutsch: Diener des göttlichen Wortes.

Es ist ihm nicht befohlen, einen hektischen Betrieb in der Gemeinde aufzuziehen, so dass eine Art von religiösem Jahrmarkt entsteht oder wie man die unglückselige Experimentiersucht der gegenwärtigen Kirche nennen will, sondern es ist ihm aufgetragen, das göttliche Wort zu verkünden. Dies steht an erster Stelle und alle andere Tätigkeit ist ihr untergeordnet. Der Pfarrer hat die Frohe Botschaft auszurichten, die uns Christus gebracht hat und die auch heute noch die einzige Antwort ist auf all die mannigfachen Fragen und Nöte, unter denen unsere Gegenwart leidet. Das Evangelium redet von der wundersamen Berührung des Menschenherzens durch Gott, die durch alle Bequemlichkeiten unserer Wohlfahrtsgesellschaft nicht aufgewogen wird. Dieses ewige Wort muss ausgerufen werden, weil es nicht wie ein anderes, gewöhnliches Wort ist. Es ist das Wort, das am Anfang war und von dem das Johannesevangelium sagt, dass es Gott ist, und darum bleibt es nicht auf das Häuflein beschränkt, das sich am Sonntagmorgen jeweils in der Kirche versammelte. Ich habe das ewige Wort immer so aufgefasst, dass es auf eine geheimnisvolle Weise, sozusagen durch die Kirchenmauern hindurch nach außen dringt, und auf eine unerklärliche Art auch jenen Menschen zugute kommt, die den Sonntagmorgen als Verdauungsschlaf missverstehen. Man kann diesen hinausdringenden Vorgang nicht mit dem Verstande erklären – unser Leben ist von viel mehr Geheimnissen umgeben, als wir ahnen –, aber das göttliche Wort trägt, erhält, belebt alles, und wenn es nicht mehr in unserer Mitte vorhanden wäre, würde das menschliche Dasein in Staub und Asche versinken. Diese Botschaft in ihrer ganzen Größe den Menschen zu überbringen und sie immer wieder auszurichten, war die mir befohlene Aufgabe.

Doch kann man nicht davon reden, ohne sofort an unseren Text zu denken: „Wenn ihr alles getan habt, was euch befohlen ist". Damit sind wir zu der Stelle gelangt, wo ich Christi Wort nicht ehrlich nachsprechen kann. In der Rechenschaft vor Gott muss ich einfach gestehen: Ich habe nicht alles getan, was ich hätte tun sollen, sondern ich war manchmal nachlässig und saumselig, war lau und kalt, wo ich hätte brennend und glühend sein sollen. Da beginnt die Tragik, die nicht aus schönrednerischen Gründen verschwiegen werden darf. Das Gewicht von Christi Wort verlangt das rücksichtslose Eingeständnis: Ich hätte das Evangelium strahlender und leuchtender, wuchtiger und durchschlagender verkünden sollen, es hätte unmittelbarer und überströmender, weniger ermahnend und anklagend geschehen sollen, so dass die Zuhörer mehr von der Freude, von der vollkommenen Freude gespürt hätten, die in ihr enthalten ist. Ich vermochte es zu wenig, die innere Kraft war zu schwach, und darum hatte ich oft das Gefühl, dass die Männer namentlich mir zwar respektvoll zuhörten, doch stets mit dem geheimen Vorbehalt, sie müssten auf dieses ewige Wort nicht näher eintreten. Das ist schade und sehr bedauerlich. Die Menschen tun nie alles, was wir tun sollten, und auch ich habe nicht das geleistet, was ich hätte leisten sollen. Das spürt man erst so richtig, wenn man sich Christi Worte als Spiegel vor Augen hält.

Über dieses Ungenügen darf man sich keiner Täuschung hingeben, und deswegen müssen wir der Anleitung Christi entsprechend fortfahren und sagen: „Wir sind unnütze Knechte". Damit ist das Wort ausgesprochen, zu dem jeder wahrhaftige Rechenschaftsbericht vor Gott führt: zur Erfassung der eigenen Person als eines unnützen Knechtes. Alle Würdigungen und Ehrungen sind eitle Einbildungen, sind die langen Eselsohren, die zum Vorschein kommen, und haben vor Gott nichts zu bedeuten. Christi Wahrheit lautet anders. Ich bin ein unnützer Knecht vom Scheitel bis zur Sohle, ich fühle es mit jeder Faser meines Wesens, und wenn ich ausnahmsweise einmal etwas Richtiges getan habe, so tat ich nur, was ich zu tun schuldig war. Mehr darüber zu sagen gibt es nicht, es ist erschöpfend ausgedrückt, und an dieser Selbsterkenntnis gibt es nichts zu rütteln.

Denket nicht, dass ich dies aus einer übertriebenen Verkleinerungssucht sage, die die christliche Mitte genau so verfehlt wie der eitle Selbstruhm. Ich spreche gemäß der Unerbittlichkeit von Christi Wort. Aber wenn ich auch als unnützer Knecht mit leeren

Händen dastehe, so weiß ich doch mit der kleinen Therese von Lisieux: „Was macht denn das aus, alles ist Gnade". Gnade ist ein anderes Wort für Barmherzigkeit Gottes, und sie ist es, die einen Menschen zuletzt allein tröstet und wirklich aufrecht erhält. Bei der Überprüfung der Lebensarbeit kommt man unweigerlich zu dem Punkt, wo man sich zuletzt nur noch in Gottes Arme fallen lassen und die Worte stammeln kann: „Ich habe nichts vorzuweisen, aber du, Gott, bist alles, du tust alles und erweisest auch an mir deine Barmherzigkeit". Solange der Mensch noch auf seine Leistungen pocht, melden sich in ihm immer wieder kleinere und größere Skrupel: „Habe ich auch genug geleistet und sollte ich nicht noch einmal von vorn anfangen?" Wenn er aber auf die Barmherzigkeit Gottes abstellt, als dem alleinigen Anker im Sturm des Lebens, kehrt eine große Ruhe und eine innere Gefasstheit in seine Seele ein, die ihm bei aller Unvollkommenheit ein getröstetes Gewissen vermittelt, das voll Heiterkeit wieder lachen und scherzen kann, weil dann der Mensch sich alle Stunden des Lebens von der Gegenwart Gottes getragen weiß. Wo wäre man besser aufgehoben als bei ihm?

Aus diesem Glauben an die Barmherzigkeit Gottes heraus möchte ich nur noch ein Zweifaches sagen: Als ich vor mehr als dreißig Jahren in diese beiden kleinen Gemeinden kam, spielte sich das Leben noch in denkbar einfachen Bahnen ab. Man musste arbeiten, streng arbeiten und war dabei zufrieden. Ich bin damals etlichen Männern und Frauen begegnet – viele von ihnen liegen schon auf dem Gottesacker draußen, mit denen wir trotzdem dauernd verbunden bleiben –, für die ich einen Respekt empfand, weil sie mit ihrer Geradheit, Unbestechlichkeit und mit ihrem schlichten Glauben eine stille Größe aufwiesen. Ob sie nun schon gestorben sind oder sich noch des Lebens erfreuen, ob sie hier anwesend sind oder sich anderswo aufhalten, ich werde sie nie, nie vergessen. Zu diesen Männern und Frauen aus dem Volke möchte ich jetzt, da ich zum letzten Male auf dieser Kanzel stehe, die Worte Jonathans zu seinem Freunde David anführen: „Was aber du und ich miteinander geredet haben, siehe, da ist der Herr

Zeuge zwischen mir und dir ewiglich" (1 Sam 20,23). Dieses edle Freundeswort will doch nichts anderes sagen, als dass zwischen Euch und mir bei ernsten und bei freudigen Anlässen ein ewiges Wort gesprochen wurde, das bleibt und nicht einfach vom Winde verweht wird, das eine lebendige Erinnerung schafft. Erinnerung ist nicht eine bloß wehmütige Betrachtung der Vergangenheit, die unwiederbringlich dahin ist. Erinnerung hat es mit Innerlichkeit zu tun und diese schafft ein Band, das uns weiter verbindet, seelisch und geistig verbindet, auch wenn das leibliche Sehen in der Alltäglichkeit weniger wird. Nichts verklingt einfach, was im Angesicht Gottes gesprochen wurde, sondern da ist der Herr Zeuge zwischen mir und dir ewiglich, das kann man nicht ungeschehen machen, weil es die Zeit überdauert. Das Wertvolle vergeht nicht und lebt im Herzen von uns beiden weiter. Für bewusste Christen gibt es im Grunde keine Trennung und keinen Abschied, sondern nur ein noch tieferes Verstehen dessen, was zwischen ihnen Ewiges gesprochen wurde.

Das andere Wort richtet sich nach vorwärts. Die beiden kleinen und geliebten Bauerndörfchen werden bald verschwinden. Sie sind schon jetzt halb versunken und werden in wenigen Jahren überhaupt nicht mehr sein. Der demnächst sich vollziehende Abbruch des alten Pfarrhauses ist dafür ein Symbol: eine Epoche ist abgelaufen und eine neue Zeit hält ihren Einzug. Wir orakeln nicht darüber, ob sie besser sein werde oder schlechter. Das weiß Gott allein. Sicher aber wird sie anders sein. Die beiden Dörfer werden sich bis zur Unkenntlichkeit verändern. Die neue Zeit verfährt radikal. Was immer auch geschehen mag, sei es, dass sich inmitten des Dorfes ein Einkaufszentrum erheben wird mit Geschäften, Kinos, Hallenbad, sei es, dass alles noch hundertmal moderner werden wird, als es jetzt den Anschein erweckt, das alles soll mich nicht hindern, aus tiefstem Herzen zum Himmel zu flehen: Gott segne diese beiden Dörfer auch fernerhin, mag die äußere Umgestaltung noch so groß werden, segne sie, dass das Evangelium allezeit hier wohnen möge und die Einwohner nicht im bloß Irdischen versinken, segne sie, dass sie die kommenden

Katastrophen zu bestehen fähig sind, lass deinen Segen von oben strömen, nicht nur jetzt, sondern auch in zwanzig und fünfzig Jahren, segne sie allezeit, dass die Menschen spüren, dass der Segen nicht nur ein frommes Wort ist, sondern eine wirkliche Kraft Gottes darstellt, gib Segen für die beiden Ortschaften, Segen, nichts als Segen.

Ihr alle wisst, dass das Wörtlein „Amen" auf deutsch heißt: „es geschehe also", und darum muss ich es nach dieser eindringlichen Segensbitte dreimal wiederholen: Amen, Amen, Amen.

Die Kirche in Dällikon mit der Kanzel

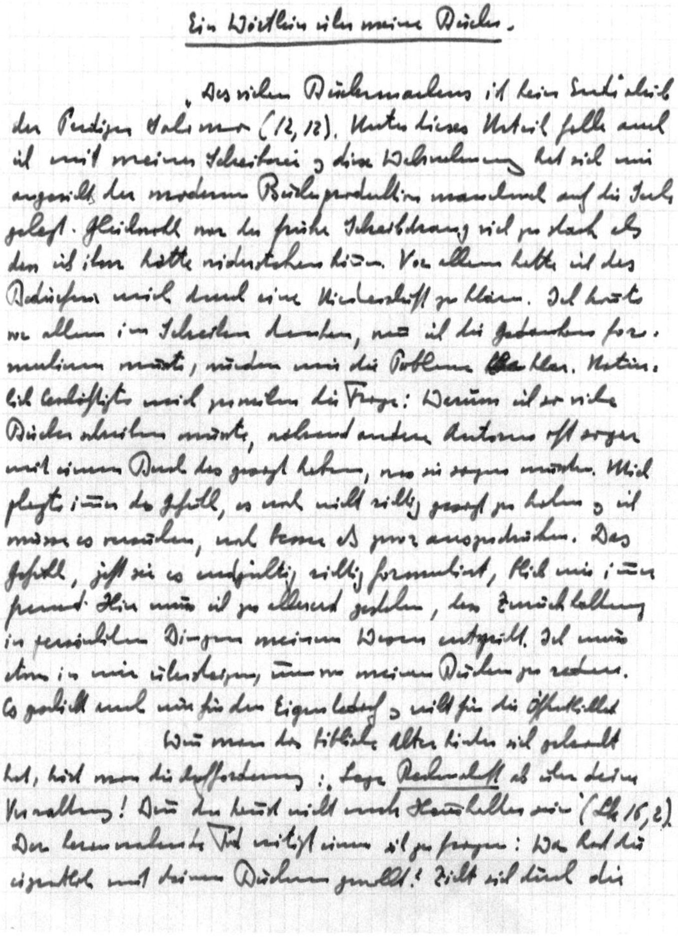
Ein Wörtlein über meine Bücher.

„Des vielen Büchermachens ist kein Ende" sagt der Prediger Salomo (12,12). Unter dieses Urteil falle auch ich mit meiner Schreiberei, diese Warnung hat sich mir angesichts der modernen Buchproduktion manchmal auf die Seele gelegt. Gleichwohl war der frühe Schreibdrang viel zu stark, als dass ich ihm hätte widerstehen können. Vor allem hatte ich das Bedürfnis, mich durch eine Niederschrift zu klären. Ich konnte vor allem im Schreiben denken, wenn ich die Gedanken formulieren musste, wurden mir die Probleme klar. Untergründig beschäftigte mich zuweilen die Frage: Warum ich so viele Bücher schreiben musste, während andere Autoren oft sogar mit einem Buch das gesagt haben, was sie sagen wollten. Mich plagte immer das Gefühl, es noch nicht richtig gesagt zu haben, ich musste es wiederholen, und konnte es ganz ausgedrückt. Das Gefühl, jetzt sei es endgültig richtig formuliert, blieb mir immer fremd. Hier muss ich zu allererst gestehen, dass Zurückhaltung in persönlichen Dingen meinem Wesen entspricht. Ich muss etwas in mir überwinden, um von meinen Büchern zu reden. Es geschieht auch nur für den Eigenbedarf, nicht für die Öffentlichkeit.

Wenn man das biblische Alter hinter sich gebracht hat, hört man die Aufforderung: „Lege Rechenschaft ab über deine Verwaltung! Denn du kannst nicht mehr Haushalter sein" (Lk 16,2). Der herannahende Tod nötigt einen, sich zu fragen: Was hast du eigentlich mit deinen Büchern gewollt? Zielt sich durch die

Die erste Seite des um 1985 entstandenen Manuskriptes

Ein Wörtlein über meine Bücher

„Des vielen Büchermachens ist kein Ende", schrieb der Prediger Salomo (12,12). Unter dieses Urteil falle auch ich mit meiner Schreiberei. Diese Wahrnehmung hat sich mir angesichts der modernen Bücherproduktion manchmal auf die Seele gelegt. Gleichwohl war der frühe Schreibdrang viel zu stark, als dass ich ihm hätte widerstehen können. Ich hatte das Bedürfnis, mich durch eine Niederschrift zu klären. Ich konnte vor allem im Schreiben denken. Wenn ich die Gedanken formulieren musste, wurden mir die Probleme klar. Natürlich beschäftigte mich zuweilen die Frage: Warum muss ich so viele Bücher schreiben, während andere Autoren oft sogar mit einem Buch das gesagt haben, was sie sagen mussten? Mich plagte immer das Gefühl, es noch nicht richtig gesagt zu haben, und ich müsse versuchen, es noch besser als zuvor auszudrücken. Das Gefühl, jetzt sei es endgültig, richtig formuliert, blieb mir immer fremd. Hier muss ich zu allererst gestehen, dass Zurückhaltung in persönlichen Dingen meinem Wesen entspricht. Ich muss etwas in mir übersteigen, um von meinen Büchern zu reden. Es geschieht auch nur für den Eigenbedarf und nicht für die Öffentlichkeit.

Wenn man das biblische Alter hinter sich gebracht hat, hört man die Aufforderung: „Lege *Rechenschaft* ab über deine Verwaltung. Denn du kannst nicht mehr Haushalter sein" (Lk 16,2). Der herannahende Tod nötigt einen sich zu fragen: Was hast du eigentlich mit deinen Büchern gewollt? Zieht sich durch die Schreiberei *eine* Linie hindurch? Ist darin eine Einheit in aller Mannigfaltigkeit zu erkennen? War es ein bloßer Zeitvertreib oder dienten sie einem höheren Auftrag? Lauter Fragen, die eine ernsthafte Selbstprüfung verlangen und die nicht vorschnell mit einem Ja beantwortet werden dürfen.

Meiner Schriftstellerei liegen *zwei Voraussetzungen* zu Grunde, ohne die sie schwerlich entstanden wäre.

Einmal meine Begegnung mit *Hermann Kutter*, der mich aus meiner pubertären Pietismusperiode befreite. Ihm verdanke ich eine gute Bibelkenntnis und ein personales Ergriffensein vom Christentum, das mich nie mehr verließ. Durch Kutter löste ich mich vom Pietismus, ohne dass ein antifrommes Ressentiment zurückblieb. Überhaupt war Kutter der erste und einzige Pfarrer, der mir einen dauernden Respekt abnötigte. Er war eine geniale Natur, voll tiefen Ernstes bei gleichzeitigem Humor, ein philosophisch begabter Mann und ungewöhnlich belesen. Der Neumünster Pfarrer kam von Christoph Blumhardt her, dessen Botschaft er selbständig verarbeitete. Damals befand sich Kutter im vorgerückteren Alter, seine sozialen und nationalen „Illusionen“ lagen hinter ihm. Der reife Kutter lebte in einsamer Zurückgezogenheit, ohne verbittert zu sein. Von seiner ungemein lebendigen Persönlichkeit bekommt man aus seinen sprühenden Büchern und dann vor allem aus dem Band „Hermann Kutter in seinen Briefen“ eine unmittelbare Anschauung, die seine vulkanische Natur aufleuchten lässt. Er unternahm mit mir jeweils große Spaziergänge in der Zollikoner Gegend, während denen er vor mir die entscheidenden Lebensfragen entwickelte. Von Kutter empfing ich den unmittelbaren Eindruck, dass er aus Gott lebe und immer um ihn kreise. Bei ihm spürte man den anwesenden Gott. Der Allmächtige brauste mit Sturmesgewalt durch sein Leben, man bebte vor dessen Wirklichkeit förmlich zurück. Stets leitete er mich an, mich vor allem ganz auf Gott zu konzentrieren, den man mit keiner Kirche identifizieren dürfe. Jedes kirchliche Selbstbewusstsein lehnte er strikte ab und riet mir gleichwohl, mich auf den Pfarrerberuf vorzubereiten. Im Jahre 1921 ersuchte er mich, zu seinem neu aufgelegten Buch „Das Unmittelbare“ ein kurzes Vorwort zu schreiben, womit er seine Verbundenheit mit dem 18jährigen Jüngling öffentlich dokumentierte. Auch nach seinem Bruch mit den dialektischen Theologen bin ich stets auf seiner Seite geblieben. Kutter hat mich im Geiste durch das ganze Leben begleitet, aber ich habe ihn in keiner Weise nachgeahmt. Nie habe ich eine Predigt im Kutter'schen Stil gehalten, das wäre mir ehrfurchtslos vorgekommen. Doch habe ich zehn Jahre nach seinem Tode in einer Broschüre HERMANN KUTTERS VERMÄCHTNIS (1941) und noch viel später in einem Aufsatz DIE STIMME EINES RUFENDEN: HERMANN KUTTER (in WAS BLEIBEN SOLL, 1973) meine Zugehörigkeit zu ihm bezeugt. Beide Arbeiten betrachtete ich als Bekundungen des Dankes, den ich ihm schuldete. Unbegreiflich war mir immer, wie die schweizerische Pfarrerschaft gar bald Kutter völlig vergaß; die jungen Theologen kennen nicht einmal seinen Namen. Gewiss veränderte sich die Situation seither stark, aber der Kern von Kutters Botschaft ist zeitlos, und an ihr darf man nicht schnöde vorüber gehen.

Die andere Voraussetzung bildete das Studium der Theologie. Als sich mir die Hallen der Universität öffneten, lernte ich in ihr eine Angelegenheit kennen, die mir bis dahin völlig unbekannt war: die historisch-kritische Bibelwissenschaft. Zwar war sie zu jener Stunde bereits nicht mehr die große Mode, sondern von der dialektischen Theologie ohne eingehende Auseinandersetzung verdrängt worden. Die dialektische Theologie, die damals das überlaute Wort führte, sprach mich wegen ihres Intellektualismus' und ihrer Repristinationstendenzen, die sie durch eine politische Linkshaltung zu verdecken suchte, nicht an. Die kritische Bibelforschung dagegen war für mich neu, und sie war das Problem, das mich – neben der Kirchengeschichte – während meiner Studentenzeit beschäftigte. Dass ich mich für sie dermaßen interessierte, war vorwiegend durch Professor *Jakob Hausheer* bedingt, den einzigen theologischen Hochschullehrer, dem ich mich verpflichtet fühlte. Keineswegs stand er zu meinem anderen Lehrer Hermann Kutter im Gegensatz, zumal die Zürcher Fakultät auf Hausheers Antrag Kutter den Ehrendoktor verlieh.

Es ist nötig, über Hausheer einige Worte zu schreiben, da er in der wissenschaftlichen Welt wenig bekannt ist. Dies hat er durch seine ungewöhnliche Bescheidenheit selbst verursacht. Trägt doch sein Lebenswerk, die Übersetzung des Alten Testamentes in der Zürcher Bibel – die allgemeine Anerkennung fand –, an keiner Stelle seinen Namen, so stark trat seine Person hinter seinem

Werk zurück. Wie radikal er seine Übersetzungsarbeit auffasste, erzählte er mir unter vier Augen. Die Öffentlichkeit erfuhr davon nichts, weil er seinen erklärenden Kommentar nach der Vollendung selbst verbrannte. Über diese Gelehrtentragödie schrieb ich nach Hausheers Tod in der NZZ vom 30. Mai 1943 unter dem Titel „Nachspiel zur Zürcher Bibelübersetzung, in memoriam Jakob Hausheer" einen Aufsatz, der damals wie eine Bombe einschlug. Nie buhlte Hausheer um die Gunst der Studenten. Wenn man jedoch mit einer Frage zu ihm ging, stand er einem stets zur Verfügung. Er war eine tolerante Natur von großer Hilfsbereitschaft im Verborgenen, die nur darauf schaute, ob ein Student ein wirkliches Verhältnis zu seinem Studium habe, es brauchte gar nicht sein Fach zu sein. Seine Überzeugung trug er in den Vorlesungen zurückhaltend vor. Alles was er sagte, war überaus gründlich belegt, und seine Sachlichkeit ließ nicht die geringste Selbstgefälligkeit aufkommen. Der Student durfte seine andere Auffassung sagen, sofern er sie auch begründen konnte. Nie legte er die Hand auf die Studenten, er freute sich, wenn sie selbständig dachten. Hausheer war ein tüchtiger Philologe, und er trat vorwiegend mit seinem philologischen Gewissen an die Bibel heran. Die Verbalinspiration lehnte er mit den trockenen Worten ab: „Warum hat dann der Heilige Geist nicht dafür gesorgt, dass die alten Handschriften einen einhelligen Text überlieferten?"

Von Hausheer erfuhr ich alle erdenkliche Förderung. Dass meine Habilitation, zu der mich der Kirchenhistoriker der Fakultät ausdrücklich aufgefordert hatte, angesichts der kleinlichen Richtungsgegensätze doch zustande kam, verdanke ich allein ihm. Er warf damals das ganze Ansehen seiner Persönlichkeit in die Waagschale, und dagegen wagten die orthodoxen Vertreter nichts zu sagen. Über meine Habilitation will ich mich in diesem Zusammenhang nicht äußern, nur dies sei bemerkt: Was darüber in der Festschrift „Die Universität Zürich 1933-1983" steht, verrät eine fatale Unwissenheit. Der Mann, der jene Ausführungen schrieb, wusste nichts davon, und der es genau wusste, hat nichts darüber geschrieben.[1] Hausheer, ein rational denkender Mann des 19. Jahrhunderts, würde wahrscheinlich heute, wenn er meine ganze Publikation überblicken könnte, zu mir verwundert sagen: „Was ist Ihnen auch eingefallen?" Ich würde ihm antworten: „Mein verehrter Lehrer, bei Ihnen habe ich unter anderem ein religionsgeschichtliches Seminar ‚Über Heiligkeit' und ein alttestamentliches Seminar über den ‚Propheten Elias' besucht. Beide Seminarübungen haben in mir stark weiter gearbeitet und mich schließlich zu neuen Ufern geführt, an die weder Sie noch ich damals nur entfernt dachten."

Während meiner Studienzeit stellte die Universität die Preisaufgabe DAS RELIGIÖSE ELEMENT BEI PESTALOZZI. Das Thema lockte mich. Ich machte mich an die Arbeit, obschon ich erst im zweiten Semester war, las zuerst die Seyffarth'sche Pestalozzi-Ausgabe und dann die Sekundärliteratur. Hernach begann ich mit der Niederschrift in einem Zug, und daraus wurde meine erste Publikation, die ein Jahr später (1927) bei de Gruyter veröffentlicht wurde. In ihr trat ich der bisherigen Bewertung entgegen, der große Erzieher sei ein bloßer Aufklärer, und versuchte in aller Unvollkommenheit, ihn als eine Gestalt mit religiösem Hintergrund darzustellen. Damals empfand ich zum ersten Mal, dass es für einen jungen Menschen nichts Besseres geben kann, als sich mit einer großen Gestalt näher zu beschäftigen, an der er innerlich empor wachsen kann. Dieses Gefühl hat mich bei all meinen späteren Arbeiten erfüllt. Natürlich weist diese Schrift alle Schwächen einer Erstlingsarbeit auf, und ich schämte mich ihrer bald. Später hatte ich das Bedürfnis, die mich unbefriedigende Schrift

1 *Anmerkung der Herausgeber:* Die Festschrift zitiert den Titel von Niggs Habilitation falsch: In dem von Fritz Büsser verfassten Abschnitt zur „Kirchengeschichte" heißt es: Nigg „habilitierte sich 1931 – nach K.F. Stäudlin und F.Ch. Baur – als erster Kirchenhistoriker des 20. Jahrhunderts in seinem Buch ‚Die Kirchengeschichtsschreibung' mit Prinzipienfragen seines Faches": Peter Stadler (Hg.), Die Universität Zürich 1933-1983. Festschrift zur 150-Jahr-Feier der Universität Zürich, Zürich 1983, S. 254.

durch einen Aufsatz über Pestalozzi zu korrigieren, der meinem inneren Bild von ihm mehr entsprach (AUS EINEM FREMDEN ERDTEIL IN DEN UNSRIGEN VERSCHLAGEN: HEINRICH PESTALOZZI, in: „Der christliche Narr“ (1956), S. 283-348). Mein Erstlingsversuch weckte in mir das pädagogische Interesse, das mich nie mehr verließ. Pestalozzi zählte für mich dauernd, neben Bruder Klaus und Jeremias Gotthelf, zu den drei Eidgenossen, die meinem Herzen am nächsten standen.

Durch Hausheer lernte ich die wissenschaftliche Bibelforschung gründlich kennen. Ich begriff die geschichtliche Notwendigkeit ihrer Entstehung und auch deren Aufgabe, die Geschichte Israels einmal als eine profane Weltgeschichte zu lesen. Damit war auf alttestamentlichem Gebiet Julius Wellhausen vorausgegangen, der jedoch darüber Bedenken bekam, auf seine theologische Professur verzichtete und als philologischer Privatdozent neu begann. Solche Beispiele von berühmten, aber gescheiterten Theologen fesselten mich immer besonders stark. Dass es in der Bibel Widersprüche gibt, dass ein Unterschied zwischen dem synoptischen und dem johanneischen Evangelium besteht, dass Paulus die frohe Botschaft ins Theologische übersetzte usw., wurde mir von Semester zu Semester klarer. Mit lebhaftem Interesse las ich damals Albert Schweitzers „Geschichte der Leben-Jesu-Forschung“. Ihrem Verfasser gegenüber hegte ich zeitlebens großen Respekt und denke auch gerne an das zweistündige Gespräch zurück, das ich mit ihm allein im Wartesaal zweiter Klasse im Zürcher Hauptbahnhof hatte. Bei der wissenschaftlichen Forschung leuchtete mir nur eine klare und ehrliche Sicht ein, während mir die apologetische Einstellung missfiel, die da etwas zugab und dort etwas abhandelte. Hausheer stellte mir die alttestamentlichen Propheten als Persönlichkeiten mit einem göttlichen-sozialen Ethos vor Augen, was ich als eine tiefere historische Erfassung empfand, als wenn sie zur Beweisstellung für die Messiaserwartung benutzt werden. Nie anfreunden konnte ich mich hingegen mit der Suche nach dem „historischen Jesus“, der mir als eine allzu klägliche Figur erschien. Es blieb mir unverständlich, warum er das Abendland zwei Jahrtausende bewegt hatte.

Ich schloss mein Universitätsstudium als kritischer Theologe ab, wobei ich freilich eine eigene Auffassung hatte, die sich näher besehen mit beiden Lagern nicht vertrug.

Einerseits teilte ich den Abwehrkampf der orthodoxen Richtung gegen die Bibelkritik nicht. Sie konnte die Resultate der Kritik nicht grundsätzlich beschreiben, sondern suchte immer nur zu retten, was doch nicht zu retten war. Ihr gegenüber wiederholte ich für mich das Urteil Gottes über Hiobs Freunde: „Ihr habt nicht recht von mir geredet wie mein Knecht Hiob" (Hiob 42,7). Ihre Einstellung kam mir schwächlich vor. Mit ihrer Apologetik führte sie bloß Rückzugsgefechte aus und hatte im Grunde ihre Schlacht verloren, weil sie mit einem Bein doch auf dem Boden ihrer Gegner stand.

Andererseits konnte ich meiner kritischen Einstellung nicht froh werden, weil sie nach meinem Dafürhalten einen Scherbenhaufen hinterlassen hatte. Mit ihren zweiflerischen Einwänden hatte sie die Autorität der Bibel untergraben, was sie zwar nicht beabsichtigte, aber gleichwohl bewirkte. Dieses bedenkliche Resultat wollten die Liberalen nicht zugeben, weil sie auf halbem Weg stehen blieben und die Probleme nicht zu Ende dachten. Ich war, trotz meiner Liebe zu einer sauberen Einstellung, in einer zwiespältigen Situation, die mir etliche Jahre viel zu schaffen machte, namentlich an meiner ersten Pfarrstelle in Stein. Doch bewahrte mich diese vorläufig noch nicht eindeutige Haltung vor der theologischen Selbstsicherheit. Man muss doch innerlich ringen, solange man lebt, sonst fällt man einer Erstarrung anheim.

Während einer Vorlesung, die ich als Student hörte, äußerte der Professor eine abschätzige Bemerkung über Franz Overbeck, für den ich seit der sentimentalen Biographie von Elisabeth Förster-Nietzsche über ihren Bruder eine Hochachtung empfand. Die lose Aussage konnte der Vortragende natürlich gar nicht begründen, aber mir schoss in diesem Augenblick der Gedanke durch den Kopf, diese Gestalt verdiene einmal eine Würdigung.

Der Plan ließ mich nicht mehr los. Ich beschaffte mir antiquarisch alles, was Overbeck geschrieben hatte, und begann es begierig zu lesen. Noch heute hat es mir Overbeck angetan, weil er so selbständig und scharfsinnig argumentiert. Ihm verdanke ich, dass ich früh eine offene, aber kritische Einstellung zu Nietzsche gewann – anders als die Mehrzahl der Nietzscheleser. Im letzten Semester begann ich mit der Niederschrift. Der Abschluss erfuhr eine Verzögerung, weil mir klar wurde, dass ich den in der Basler Universitätsbibliothek eingelagerten handschriftlichen Nachlass des stupenden Gelehrten einbeziehen sollte. Erst in Stein stellte ich die Arbeit fertig, die unter dem Titel FRANZ OVERBECK. VERSUCH EINER WÜRDIGUNG (1931) erschien.

Von Overbeck besitzen die meisten Theologen kein oder nur ein ganz ungenügendes Bild. Sie bringen höchstens die Klage vor: „Er war kein Christ und stand doch auf einem theologischen Katheder", ohne zu ahnen, was er damit für ein schweres Problem zu bewältigen hatte. Mit seinem Konflikt hat er keinen einzigen Studenten behelligt, weil er ihn streng für sich behielt und seine Zuhörer nur mit seiner immensen Gelehrsamkeit überschüttete. Overbeck nannte sich selbst einmal „einen kritischen Träumer". Beide Worte treffen zu. Er wollte eine profane Kirchengeschichte schreiben. Zu diesem Zweck sammelte er viel Material, doch fehlte ihm die Gestaltungskraft. Der Basler Professor war alles andere als ein negativ eingestellter Mensch. Er ist der Begründer der formgeschichtlichen Betrachtungsweise, und in seinem Nachlass finden sich viele Anregungen. Er ist einer der hintergründigsten Menschen, den man nicht schnell erfasst. Als der einzige lebenslang treue Freund von Nietzsche hat er zu diesem Problem ein Wort zu sagen, das viel zu wenig beachtet wurde.

Gerne halte ich noch eine Episode aus der Drucklegung fest. Da der Beck-Verlag einen Druckkostenzuschuss forderte, begab ich mich mit dem Manuskript zu Prof. Hausheer, der sich mir diesbezüglich einmal als Helfer angeboten hatte. Ich erinnerte ihn an seine Worte und fügte hinzu: „Ich bitte Sie das Manuskript zu lesen, damit Sie sich nachher nicht ärgern, eine Arbeit unterstützt zu haben, die Ausführungen enthält, die Ihnen nicht gefallen." Es bleibt mir unvergesslich, mit welch scharfem Blick Hausheer mich hierauf unter seinen buschigen Augenbrauen anschaute und dabei sprach: „Für wen halten Sie mich? Dass ich erwarte, dass Sie mir zu Gefallen schreiben? Ich nehme an, dass Sie so geschrieben haben, wie es der historischen Wahrheit entspricht. Jetzt will ich Ihre Arbeit vorher gerade nicht lesen." Dann schritt er zu seinem Sekretär, nahm ein Heft heraus, fragte mich, welcher Summe ich bedürfe und überreichte mir den ausgefüllten Cheque. Dies war eine echt Hausheer'sche Großzügigkeit, zu der wohl wenige Professoren fähig gewesen wären und die dazu beitrug, meinen liberalen Lehrer lebenslang in verehrender Erinnerung zu behalten.

Mit dem Overbeck-Buch machte ich eine denkwürdige Erfahrung. Die Fakultät nahm die Schrift als Habilitationsarbeit widerwillig entgegen, obschon ich das Thema mit dem Fachvertreter vorher vereinbart hatte. Ein Theologe sagte mir bereits während der Arbeit: „Mit diesem Buch werden Sie die ganze dialektische Front gegen sich aufbringen". Diese ließ mich ihre Rache auch reichlich spüren. Tatsächlich war mit dieser Arbeit meine kirchengeschichtliche Laufbahn beendet, bevor sie begonnen hatte. Das Buch hat mich in die Rolle des Außenseiters gedrängt. Ich schreibe dies ohne das geringste Bedauern. Für das Parteidenken, auch das kirchliche Parteidenken, fehlte mir ohnehin jeglicher Sinn. Es mangelte mir freilich mein ganzes Leben lang der kirchengeschichtliche Gesprächspartner, den ich mir oft gewünscht habe. Alle meine weiteren Bücher sind Monologe eines Einsamen, der im Geruch des Unnahbaren stand. Ich suchte mich mit Kierkegaards Kategorie des „Einzelnen" zu verstehen, woraus mir allezeit Mut und Kraft erwuchs. Die Stellung eines Einzelgängers war mir auf den Leib zugeschnitten, und ich habe sie als mein Schicksal klaglos hingenommen. Mein Alleinsein wurde mir oft als Hochmut ausgelegt, als ob mir die Anderen zu wenig seien. Das war nicht der Fall, aber je mehr ich in meine Schriftstellerei hineinwuchs, umso weniger konnte ich am gesellschaftlichen Leben teilnehmen, das eine zerstreuende Wirkung ausübt. Man muss wählen: Konzentration auf das Schreiben oder Hans-Dampf-in-allen-Gassen sein.

Persönlich stand ich zu Overbeck differenzierter als die Fakultät in ihrer Voreingenommenheit argwöhnte. Overbeck befand sich in einem distanzierten Verhältnis zum Christentum, während ich immer leidenschaftlich daran engagiert war. Ich habe denn auch, was einzig Hausheer bemerkte, Overbecks Kampf gegen die moderne Theologie zustimmend dargestellt, während ich über sein Verhältnis zum Christentum lediglich referierte. Trotz dieser Unterscheidung habe ich für Overbeck immer nur Ehrfurcht empfunden und ihn als eine grundehrliche Gestalt betrachtet, die viele Dinge erkannte, an denen die offiziellen Kirchengeschichtler blind vorbei stürmten.

Was ich von Overbeck besonders intensiv übernahm, war seine Beurteilung der Theologie. Darauf hatte mich bereits Kutter vorbereitet, indem er mir oft lächelnd von der Theolüge sprach. Overbecks Buch „Von der Christlichkeit der Theologie" öffnete mir endgültig die Augen, und das zu einer Zeit, wo man wieder begann, das Wort „theologisch" emphatisch zu betonen und keine Ahnung hatte, in welch zweideutiges Abenteuer man sich dabei stürzte. In seinen nachgelassenen Papieren verschärfte Overbeck seine Ablehnung und bezeichnete sogar „die Theologie als den Satan der Religion"! Begreiflich, dass die in Reih und Glied marschierenden Theologen um den kühnen Mann erschauernd einen großen Bogen machten und sich nie ernstlich mit seinen Argumenten auseinander setzten. Sie überlegten gar nicht, dass der Absage an die Theologie von einem ausharrenden Theologen ein ganz anderes Gewicht zukam, als wenn Atheisten über sie lästern, die von ihr keine Ahnung haben. Overbeck hat noch nicht den Interpreten gefunden, der diese unabhängige Gestalt so darstellt, wie sie es verdiente. Dazu war auch ich nicht fähig, weil ich damals noch zu jung war. Doch hielt ich mich seit der Abfassung des Overbeck-Buches von aller Theologie fern. Auch von dem ganzen theologischen Geraune meiner Zeit, sei es orthodoxer, liberaler, religiös-sozialer, dialektischer oder feministischer

Observanz, nahm ich nur von ferne Notiz und interessierte mich fortan in steigendem Maße für Gestalten, denen unmittelbare Gotteserfahrungen zu teil geworden waren.

Während meiner ganzen Studentenzeit fand ich keinen Kirchenhistoriker, der mir nur ein wenig wegweisend war – am wenigsten derjenige, bei dem ich promovierte. Dabei wollte ich doch wissen, wie man Kirchengeschichte betreibt und welcher Methode man sich dabei am besten bedient. Die Ratlosigkeit brachte mich auf den Gedanken, mich bei den früheren Kirchenhistorikern umzusehen, und aus dieser Überlegung entstand das Buch DIE KIRCHENGESCHICHTSSCHREIBUNG (1934). Die Schrift wurde international viel besprochen, war sie doch seit hundert Jahren das erste dieser Thematik gewidmete Buch. Trotzdem weiß ich heute, dass ich das Buch zu früh geschrieben habe. Dies hat mir eine wohlwollende, aber auch kritische Rezension – eine derartige Verbindung findet sich selten – vom alten Prof. Krüger zum Bewusstsein gebracht. Persönlich hat mir dieses Buch die Einsicht geschenkt, die zwar nicht darin steht, mir aber ganz klar wurde: Geschichtsschreibung ist nur zur Hälfte eine wissenschaftliche Arbeit, indem sie die Quellen so gewissenhaft als möglich sondiert. Zur anderen Hälfte ist sie künstlerische Gestaltung. Die Subjektivität des Schreibers ist unvermeidlich daran beteiligt. Er muss ein Sensorium für das Entscheidende am Geschehen haben, er muss einen Sinn für Wert und Unwert einer Persönlichkeit besitzen, und er muss auch fesselnd zu schreiben verstehen. Oder ist denn die Wissenschaft mit der Langeweile identisch? Verlangen Gestalten und Ereignisse nicht eine adäquate Erfassung, die dem Leser auch ein anschauliches Bild vor Augen stellt? Dies war für mich eine befreiende Erkenntnis. Freilich bedurfte es noch einiger Zeit, bis ich diesem Anspruch nur annähernd in meinen Arbeiten Genüge tun konnte. Wenn später vereinzelte Rezensenten meine Darstellung mit dem Wort „dichterisch" ehren wollten, schüttelte ich immer den Kopf. Ich habe in dieser Richtung nie Ambitionen gehegt, es kam mir stets nur auf eine klare, verständliche Sprache und eine lesbare Form an.

Inzwischen war in Deutschland der Nationalsozialismus an die Macht gelangt. Natürlich sah ich seine bestialische Barbarei nicht voraus. Nur das war mir vom ersten Tag an klar: Seine Propaganda würde alles geistige Leben verwüsten. Da kam mir einmal auf dem Weg von Stein zu der Fehr'schen Buchhandlung in St. Gallen der Gedanke, eine GESCHICHTE DES RELIGIÖSEN LIBERALISMUS (1937) zu schreiben. Dies hatte bis anhin niemand unternommen, und damit konnte ich auch den Gleichschaltungstendenzen und Ausschließlichkeitsansprüchen entgegentreten, die damals nicht nur in der Politik, sondern auch in der Theologie an der Tagesordnung waren. Ich sammelte das umfangreiche Material und schrieb drei Jahre an dem Buch. Während der ganzen Zeit freute ich mich an den Wahrheitskämpfern, die oft großen Mut bewiesen und viel Ungemach in Kauf genommen hatten, um ihren Einsichten Anerkennung zu verschaffen. Während der Arbeit wurde mir aber auch klar, dass die Zeit des religiösen Liberalismus vorbei war. Seine Gedanken waren vor allem durch das 18. und 19. Jahrhundert geprägt. Diese Erkenntnis veranlasste mich, das Schlusskapitel mit „Ausklang" zu überschreiben, womit ich freilich dem noch kleinen Häuflein Liberaler wenig Freude bereitete.

Das Buch erschien in einer Auflage von tausend Exemplaren in der Schweiz – mein deutscher Verleger kam hierfür nicht mehr in Frage – und war bald vergriffen. Ich habe mich nie mehr zu einer Neuauflage entschließen können, obwohl es in den fünfziger Jahren noch auf größeres Interesse gestoßen wäre. Eine Neuauflage hätte eine Überarbeitung erfordert. Dazu hatte ich keine Lust, weil es mich drängte, neue Gebiete in Angriff zu nehmen. Die darin enthaltene Polemik fand ich überholt, und zudem habe ich mich damals von ihrer Wirkungslosigkeit überzeugt. Auch in methodischer Beziehung hatte ich ein unbefriedigendes Gefühl. Namentlich über gewisse Gestalten hätte ich ausführlicher schreiben müssen, um ihnen gerecht zu werden. Dann wäre der Stoff allerdings nicht mehr in einem Band unterzubringen gewesen. Die zwei Grundgedanken des religiösen Liberalismus – die religiöse Freiheit und die persönliche Wahrhaftigkeit – habe ich jedoch nie aufgegeben. Niemals verleugne ich mein Buch; es ist und bleibt ein Zeugnis meiner schriftstellerischen Entwicklung.

Zwei Jahre nach dem „Liberalismus" veröffentlichte ich das Buch mit dem unglücklichen Titel KIRCHLICHE REAKTION (1939) – es ist Jakob Hausheer gewidmet –, das sich wie eine Detailaufnahme zu einer Gesamtdarstellung ausnimmt. Beim Studium der liberalen Quellen war ich auf das tragische Lebensschicksal des geistvollen Michael Baumgarten gestoßen, der von seiner Kirchenleitung grundlos aus seiner Professur entlassen worden war. Er war eine Michael-Kohlhaas-Gestalt, der um die Wiedergutmachung des ihm widerfahrenen schreienden Unrechtes leidenschaftlich kämpfte und darob alles andere vergaß. Ich wollte dem vergessenen Mann ein Denkmal setzen. Heute frage ich mich, ob Baumgarten nicht besser getan hätte, das Unrecht zu ertragen statt dagegen zu kämpfen, weil dieser Kampf seine ganze Kraft verzehrte. Er kam darüber nicht mehr zur Ruhe und brachte deswegen auch kein überpersönliches Werk zustande. Den endgültigen Entschluss, diese Arbeit zu schreiben, fasste ich in der Zentralbibliothek in Zürich, als ich dort Baumgartens Schrift „Wider Herrn Hofprediger Stöcker" las, worin er dessen unchristlichen Antisemitismus entlarvte: „Wir hören das Toben der alten Leidenschaft, jetzt zwar noch hinter dem eisernen Gitter, würde sie loskommen, dann gäbe es ein Blutbad" (S. 170). Dies schien mir ein prophetisches Wort von Baumgarten zu sein, das im Nazi-Regime in Deutschland in Erfüllung ging und zugleich den Hofprediger in aller Frömmigkeit als einen Wegbereiter Hitlers entlarvte. Darauf aufmerksam zu machen, war mir eine Pflicht.

Es war das gleiche Motiv, das mich bewegte, mitten in der grauenvollen Judenverfolgung die Broschüre MARTIN BUBERS WEG IN UNSERER ZEIT (1940) zu veröffentlichen. Buber war ein achtungsgebietender Vertreter des Judentums, an den ich erinnern wollte, zumal ich ihm meine sehr frühe Bekanntschaft mit dem Chassidismus verdanke, der mich seit meiner Studentenzeit begleitete. Ich las alles, was ich mir über diese mich überaus erfreuende Bewegung nur verschaffen konnte. Keinen nutzlosen Protest wollte ich mit meinem Schriftchen über Buber einlegen, sondern Größe und Reichtum des jüdischen Lebens sollten dargelegt werden. Ich fasste immer das Judentum als die Wurzel des Christentums auf, und diese Überzeugung hat mich stets vor dem Aussatz des Antisemitismus bewahrt. Seither las ich auch die anderen jüdischen Autoren – Leo Baeck, Franz Rosenzweig, Ernst Simon, Margarete Susman usw. – und bedauerte, dass nach dem Zweiten Weltkrieg diese wertvollen Autoren völlig in den Hintergrund gedrängt wurden und lauter entwurzelte Juden wie Adorno, Bloch, Marcuse die Jugend irre führten.

Nach diesen Publikationen trat in meiner Schriftstellerei eine *grundsätzliche Wandlung* ein. Sie hat sich nicht von einem Tag zum anderen vollzogen, sondern ist in einem langen Prozess vor sich gegangen, bedeutet aber doch einen ganz neuen Abschnitt. Ich machte die Wahrnehmung: Wer wissenschaftlich schreibt, der schreibt für die Bibliotheken. Rühmte sich doch einmal ein Kollege im Dozentenzimmer mir gegenüber offen, seit vierzehn Jahren kein Buch mehr gekauft zu haben. Ich fürchte, dass er viele Gleichgesinnte hinter sich hatte. Inzwischen hatte ich einige Gelegenheiten, hinter die Kulissen des wissenschaftlichen Betriebes zu schauen, was meine jugendliche Begeisterung für die Wissenschaft arg dämpfte. Ich bin gleich Nietzsche aus dem Haus der Gelehrten ausgezogen. Aber während er die Türe hinter sich schallend zuschlug, habe ich sie so leise zugemacht, dass mein Weggehen niemand bemerkte. Keineswegs stand die Wissenschaft selbst für mich in Frage. Ich freute mich über den Anblick einer Universität, aber die wissenschaftliche Forschung bedeutete mir bei aller Hochachtung nicht mehr das Höchste. Ihre Notwendigkeit stand mir außer Frage, sie muss sich jedoch zu einer ernsteren Verantwortung durchringen. Jedenfalls identifizierte ich die Wissenschaft nicht mehr mit der Wahrheit und war auch kritisch gegen die Kritik geworden. Fortan dachte ich beim Schreiben nicht mehr an die Akademiker, sondern an Menschen, die sich für geistige Fragen interessieren. Meine Wendung war auch durch innere Faktoren bedingt, vor allem durch den schweren Opfertod meiner Gattin, der mir unendlich viel zu schaffen machte. Da ich aber in diesen Blättern über meine Bücher und nicht über mein Leben berichte, so führe ich ganz bewusst diese für mich entscheidenden Erlebnisse nicht weiter aus. Nur eines muss ich unbedingt vermerken: Sie und nichts anderes veranlassten mich, mein Lebensschiff tiefer zu verankern. Schließlich trug auch die Verarbeitung des Zweiten Weltkrieges zu dieser Wendung bei. Man durfte in den Büchern nicht so tun, als ob es ihn gar nicht gegeben hätte, sondern die Veröffentlichungen sollten doch nach meinem Dafürhalten dazu beitragen, den orientierungslos gewordenen Menschen eine Wegleitung zu vermitteln. Der Schwerpunkt meiner Schriftstellerei verlegte sich vom wissenschaftlichen auf das religiöse Gebiet. Niemand zu Hass, aber auch niemand zu Gefallen, keiner Clique angehörend, wollte ich fortan nur Gott und meinem Gewissen verpflichtet schreiben, auch wenn ich dadurch quer zu der heutigen Zeit zu stehen kam. Meine ausgesprochen religiöse Schriftstellerei, wie ich die zweite Phase meines Schreibens nennen möchte, umfasste verschiedene Gebiete, die freilich untereinander eng zusammenhängen. Sie sind alle von der gleichen Leidenschaft diktiert: Verschüttete Gestalten zu entdecken, die wahre Substanz des Christentums zum Leuchten zu bringen und die Werte zu erhalten.

Beim Studium der Kirchengeschichte bedrückten mich seit jeher die zahlreichen Ruchlosigkeiten und Unmenschlichkeiten, die im Namen des Christentums geschehen waren. Es war mir einfach unverständlich, dass in der Kirche schon früh und dann durch ihre ganze Geschichte hindurch so vieles geschah, was zum Evangelium in krassem Widerspruch stand. Wie konnten so viele Christen an den Unchristlichkeiten stillschweigend vorübergehen oder sie gar aus falscher Frömmigkeit verteidigen? Mich machten sie beinahe irre an der Kirche. Aus diesen Gründen wandte ich mich immer mehr von dem schwarzen Christentum ab und beschäftigte mich in steigendem Maße mit der hellen Seite der Christenheit. Das erste Buch, das ich unter diesem Aspekt schrieb, nannte ich GROSSE HEILIGE (1946). Das Buch hat jedoch eine längere Vorgeschichte.

Während meines Göttinger Semesters (1923) hörte ich eine Vorlesung bei Erik Peterson über ein religionsgeschichtliches Thema. Er war ein höchst merkwürdiger, aber wenig beachteter Privatdozent, der später als Konvertit in Rom ein wenig glückliches Dasein fristete. In jenem Sommer waren wir nur zwei Zuhörer, die er einmal zu sich nach Hause einlud, um uns den ersten Entwurf seines Engelaufsatzes vorzulesen. Dieser Nachmittag war für mich bedeutsamer als alle Vorlesungen zusammen, die ich in Göttingen hörte. In Petersons Wohnung sah ich seine große Bibliothek, und ich fragte ihn, ob ich sie mir näher ansehen dürfe. Hier sah ich zum ersten Mal in meinem Dasein Tersteegens „Leben heiliger Seelen", die Werke der Theresia von Avila usw. Ich notierte mir alle diese Ausgaben in mein Notizbuch. Peterson beachtete mein Interesse nicht weiter. Zwischen uns kam es zu keiner Beziehung, aber er vermittelte mir Hinweise, von deren Bedeutung für mich er nie etwas erfuhr. An jenem Nachmittag stieß ich auf jene Gestalten, deren Namen in den Vorlesungen so nebenbei ganz kurz erwähnt werden und nach denen ich mich insgeheim immer gesehnt hatte. In den folgenden Jahren habe ich mir an mystischer und hagiographischer Literatur zugelegt, was ich nur ergattern konnte. Als Student belegte ich immer nur die Mindestzahl an Stunden und saß fast die ganze Zeit auf meiner Bude, wo ich mich mit innerer Freude in die Werke der Mystiker und Heiligen vertiefte.

Erst im Sommer 1939 wagte ich erstmals über Heiligengestalten eine Vorlesung zu halten, die wahrscheinlich mich selbst viel mehr erregte als meine Zuhörer. Dann begann ich nach reiflichem Nachdenken mit der Ausarbeitung der Vorlesung zu einem Buch. Die Schwierigkeit bestand darin, dass ich damals keinen Katholiken näher kannte, den ich über gewisse Dinge befragen konnte. Auch unsere Zentralbibliothek besaß wenig hagiographische Literatur. Ich schrieb mit der Sicherheit eines Nachtwandlers. Bei der Niederschrift befiel mich manchmal das unangenehme

Gefühl, dass ich mich damit vollends zwischen Bänke und Stühle setzen würde. Die Protestanten würden sich nicht dafür interessieren, weil es doch ein katholisches Thema sei, und die Katholiken schon gar nicht, da der Verfasser ein evangelischer Christ sei, der davon ohnehin nichts verstehe. Doch kümmerte ich mich um diese unerquicklichen Einflüsterungen nicht weiter. Mich schlug das Thema dermaßen in Bann, dass es mir völlig gleichgültig war, was die Menschen dazu sagten. Für mich war es Neuland, und ich arbeitete mit Enthusiasmus daran. Die Heiligen waren doch – primitiv ausgedrückt – die religiös begabten Menschen, die dem Göttlichen zustrebten und keinerlei Machttendenzen verfolgten. Sie zu porträtieren forderte meine ganze Kraft heraus. Während sonst in der Kirchengeschichte nur von Männern die Rede ist, gab es unter den Heiligen auch zahlreiche Frauengestalten, die selbständig und ohne jede Nachahmung der Männer ihre weiblichen Geistesgaben großartig entfalteten. Welch Schattendasein führten im Vergleich zu ihnen die Frauen der Reformatoren, mit Ausnahme von Luthers Käthe. Die frauliche Verwirklichung der Heiligkeit ist eine bedeutsame Angelegenheit, weil ohne sie das Christentum an einer männlichen Einseitigkeit leidet. Ich gestehe, dass ich bei der Niederschrift nicht an die Ökumene dachte, die es damals noch gar nicht gab. Einmal kam mir während des Schreibens der Gedanke, mit diesem Buch den evangelischen Lesern die Tür zu einer neuen Dimension aufzustoßen, die ihrer Glaubenswelt eine Erweiterung vermittelte. Doch mit dieser schüchternen Erwartung hatte ich mich bereits arg vergaloppiert. An sich spielte die konfessionelle Frage für mich keine Rolle, ich hatte sie frühzeitig hinter mir gelassen. Ich war von den Heiligengestalten gefesselt, und das Geplänkel zwischen Katholiken und Protestanten fand ich reichlich antiquiert.

Die Aufnahme des Buches war merkwürdig und auch für den Verleger eine Überraschung.

Die Protestanten schüttelten mehr oder weniger über das Buch den Kopf, und jahrelang bekam ich von dieser Seite pure Verständnislosigkeit zu hören. Hatte ich mich mit dem Overbeck-buch vor fünfzehn Jahren aus der Theologie herausgeschrieben, so mit den „Großen Heiligen“ aus dem Gesichtskreis der protestantischen Kirchenmänner. Seither existierte ich für sie nicht mehr, und auch ihre Universitätsprofessoren lasen mich nicht mehr. Sie wähnten mich auf dem Weg nach Rom, und etliche Pfarrer warteten, wie man mir sagte, mit der Stoppuhr in der Hand auf meine Konversion. Dass sie so lange vergeblich warteten und schließlich darüber wie die törichten Jungfrauen einschliefen, war ihre Sache. Persönlich dachte ich keine Minute in meinem Leben an einen solchen Schritt. Eine Konversion kam mir immer wie eine Ehescheidung vor, und beides hätte ich als Treulosigkeit seelisch nie zu überstehen vermocht. Dass es mir einzig und allein um christliche Gestalten zu tun war, dies kam meinen Glaubensgenossen gar nicht in den Sinn. Mein Zeugnis für die Heiligen schien mir seinen besonderen Wert darin zu haben, dass ich es als evangelischer Christ ablegte und mich nicht unter die Rompilger gesellt hatte. Das Konzilianteste, was ich von protestantischer Seite zu hören bekam, sprach viel später der Zürcher Kirchenratspräsident in einer Diskussion aus: „Walter Nigg ist für uns ein Sonderfall und als solchen müssen wir ihn gelten lassen.“ Meine Antwort war: „Ich danke für die Narrenfreiheit, aber sie genügt mir nicht!“

Die erste katholische Besprechung von „Große Heilige“ drohte mir mit dem Index! Andere Rezensenten vermissten wiederum den *sensus catholicus* darin. Als die holländische Übersetzung erschien, erließen die Bischöfe des Landes prompt ein Leseverbot. Erst Ida Friederike Görres brach mit ihrer Besprechung in den „Frankfurter Heften“ dem Buch die Bahn, so dass seither die Katholiken zu den eifrigsten Lesern wurden.

Den größten Genuss aus dem Buch schöpfte ich selbst. Ich bin damit zur *Hagiographie* vorgestoßen, die ich fortan zum Thema meines Lebens machte. Sie fesselte mich dermaßen stark, dass ich nie mehr von ihr loskam und auch gar nicht begehrte, sie hinter mich zu bringen. Die Hagiographie ist eine alte Literaturgattung. Gewisse Teile des Alten und des Neuen Testamentes gehören dazu. In der alten Kirche schrieb Athanasius die *Vita Antonii*, und Sulpicius Severus das Leben des heiligen Martin. Die Sammler der Aussprüche der Wüstenväter waren Hagiographen. Im Mittelalter wurden hervorragende Lebensbeschreibungen von Heiligen verfasst, die *Legenda aurea* mutet doch wie ein gotischer Dom an.

Keinesfalls fühlte ich mich als erster evangelischer Christ, der sich der Hagiographie widmete. Ich hatte darin beachtenswerte Vorgänger. Vor allem möchte ich *Gerhard Tersteegen* nennen, eine Gestalt, die selber den Namen „Heiliger" verdiente und die nur in ihrer einmaligen Bedeutung erfasst wird, wenn man sie unter den hagiologischen Gesichtspunkt stellt. Tersteegen schrieb das umfangreiche Werk „Auserlesene Lebensbeschreibungen heiliger Seelen". Es enthält lauter Lebensschilderungen katholischer Heiliger, was die evangelischen Leser erschreckte, obschon Tersteegen jede katholisierende Tendenz völlig fern lag. Gewiss haften seinem einzigartigen Werk Fehler an. Jedes Leben hat eine äußere und eine innere Geschichte. In der Regel interessieren sich die Leser für den äußeren Ablauf, während Tersteegen ihn kaum erwähnte und alles Gewicht auf das Innenleben legte. Er übernahm viele Formulierungen aus den alten Viten, wodurch seine Darstellung in sprachlicher Beziehung schwer lesbar ist. Tersteegens Werk wurde von den evangelischen Christen jedoch kaum richtig verstanden, obschon es wie ein erratischer Block dasteht.

Zu dem Zeitpunkt, da ich mich der Hagiographie zuwandte, lag sie im katholischen Raum arg darnieder, und von den Protestanten wurde ihre Bedeutung überhaupt nicht wahrgenommen. Die Heiligenbücher des 19. Jahrhunderts kamen mir in ihrer Süßlichkeit wie ranzige Butter vor. Es war für mich oft eine Bußübung, sie zu lesen. Sie litten an einer widerlichen Schönfärberei und haben den Heiligen mehr geschadet als genützt, so dass sogar viele Katholiken geradezu eine Abneigung gegen diese lichtvollen Gestalten bekamen. Die Hagiographie musste unbedingt auf eine neue Grundlage gestellt werden. Doch spürte ich hinter den salbungsvollen Seiten verschüttete Quellen rauschen, die auf Freilegung warteten. Ja, hinter dieser allzu erbaulichen Literatur war lauteres Gold verborgen und zwar Gold, wie es die Christenheit nicht viel aufzuweisen hatte.

Das erste Erfordernis einer neuen Hagiographie erschien mir unbedingte Wahrhaftigkeit zu sein, die auch die Flecken der Heiligen nicht verschwieg. Sie selbst haben dies nie getan, sondern ihre Sünden ehrlich zugegeben. Augustin bekannte sich zu seinem außerehelichen Sohn, und Theresia von Avila schalt sich selbst ein böses Weib. Solche Geständnisse dürfen weder stillschweigend übergangen noch abgeschwächt werden. Zwar hat die Vertuschung schon früh in der Hagiographie eingesetzt. Die Samuelbücher beschreiben ehrlich, wie David den Uria beseitigte und mit dessen Gattin Bathseba Ehebruch beging, während die Bücher der Chronik das schwere Vergehen wortlos übergehen. Wie viel wahrheitsliebender verhalten sich die Evangelien. Sie scheuen sich nicht, die Verleugnung Christi durch Petrus sehr genau wiederzugeben, und dennoch bleibt er der führende Jünger. Alle Heiligen haben eine Passion durchgemacht, und die muss geschildert werden. Ihr Sein in der Glorie entzieht sich unserer Beschreibung. Wir müssen der Hagiographie unbedingt die Glaubwürdigkeit zurückgeben, gemäß dem Apostelwort: „Wir können nichts gegen die Wahrheit, sondern nur für die Wahrheit tun" (2 Kor 13,8). Nur dann beginnt sie aufs Neue zu leuchten.

Zweitens hat ein Realismus an die Stelle einer falschen Erbaulichkeit zu treten. Ich sage ‚Realismus' und meine damit nicht einen abgeschmackten Naturalismus, der gerne in grausigen Szenen wühlt – eine Gefahr, die gerade bei Märtyrerszenen nahe liegt. Es geht um die Wirklichkeit des Heiligen und nicht um fade Heiligenbildchen mit zum Himmel blickenden Augen und einem goldenen Reiflein um das Haupt. Daher ist ihr vorheiliges Leben ebenso ernst zu nehmen wie ihre Umkehr, die kein bloß psychologisches Problem ist. Tiefen und Höhen sind mit gleicher Kraft darzustellen, damit der Leser spürt: Das ist stark gesagt. In dieser Beziehung habe ich aus Bernanos' „Tagebuch eines Landpfarrers" sehr viel gelernt.

Drittens ist den übernatürlichen Geschehnissen im Leben eines Heiligen durchaus eine zentrale Stelle einzuräumen. Sie dürfen nicht aus Furcht vor dem Rationalismus abgeschwächt werden. Das wäre geistige Feigheit. Die Heiligen sind letztlich nur von oben und niemals von unten zu verstehen. Die Verbindung von Realismus und Metaphysik hat Grünewald in seinem Isenheimer Altar mit elementarer Kraft dargestellt, und er bleibt hierin vorbildlich. Mögen darüber die Weltmenschen in ein Gelächter ausbrechen, das geht mich gar nichts an. Ich habe mich der Gnadenerlebnisse der Heiligen nicht zu schämen. Die Frage ist vielmehr, ob man die Kraft hat, sie in ihrer ganzen Tiefe darzustellen.

Daneben gibt es noch eine Reihe von hagiographischen Fragen, die neu zu überdenken sind: Wie sind altkirchliche Viten zu lesen? Doch nicht mit den Augen des modernen Historikers, dem jede Metaphysik abhanden gekommen ist. Darf man über die Berichte von Wundern der Heiligen stolpern? Muss man nicht eingedenk bleiben, dass es mehr Dinge zwischen Himmel und Erde gibt, als unsere Schulweisheit sich träumen lässt? Bedarf es nicht eines divinatorischen Spürsinnes? Muss man in der Hagiographie nicht den Mut aufbringen, dem heutigen Zeitbewusstsein entgegen zu treten? In ihr geht es doch letztlich um eine eminent existenzielle Angelegenheit, die auf die Voraussetzung aufbaut: Ohne Glauben erkennt man nichts. Schließlich haben auch evangelische Christen das Problem aufgenommen, ich erinnere nur an die Arbeiten von Jörg Erb und auch von Otto von Taube: „Brüder der oberen Schar“ und seinen Aufruf „Die Heiterkeit der Heiligen“.

Meine nächste hagiographische Arbeit war VOM GEHEIMNIS DER MÖNCHE (1953), da die Ordensgründer doch als Heilige verehrt werden. Angeregt zu diesem Buch hat mich – was niemand vermuten würde – Franz Overbeck. In seiner Streitschrift „Über die Christlichkeit der Theologie“ beurteilt er das Mönchtum als „eine Erscheinung, zu deren Würdigung freilich die katholische Theologie die Reinheit des Verständnisses längst verloren, die protestantische die Gerechtigkeit nie besessen hat“ (S. 82).

Dieser Satz stach mich in die Nase. Er reizte mich dahin, ob ich mit meiner überkonfessionellen Einstellung eine andere Sicht zustande brächte. Als ich 1931 meine Vorlesungstätigkeit an der Universität Zürich begann, kündete ich „Geschichte des Mönchtums" an. Zwar kam ich nicht über die Anfänge hinaus, aber aus dieser Beschäftigung ging zwanzig Jahre später mein Buch hervor. Zu dieser Arbeit ermunterte mich ein Prior: „Sie müssen das tun, wir Ordensangehörige sind immer etwas ‚eifersüchtig' aufeinander und bringen hierin nicht die nötige Objektivität auf." Ich besuchte, als ich den Text geschrieben hatte, zu meiner Kontrolle verschiedene Klöster. Überall wurde ich zuvorkommend empfangen. Das Kloster, eine Schöpfung der alten Kirche, wurde vom Protestantismus fatal verkannt, während ich allezeit von der klösterlichen Kultur aufs Tiefste beeindruckt war. Allerdings mutete mich, nach dem sichtlichen Niedergang vieler Klöster in den 60er Jahren, mein Buch wie ein Schwanengesang an. Doch bin ich der Überzeugung, dass die Klöster auch diesen Tiefpunkt überwinden werden, denn in ihrer Geschichte wechselten vielfach Aufstieg und Verfall miteinander ab. Im übrigen hat mir mehr als ein Mensch gesagt, dass er durch dieses Buch veranlasst wurde, in einen Orden einzutreten, was ich freilich gar nicht beabsichtigt hatte.

Auch DES PILGERS WIEDERKEHR (1954) zähle ich zu meinen hagiographischen Schriften, mit der ich die christliche Gestalt aktualisieren wollte, die mir in der Neuzeit in Vergessenheit zu geraten schien. Ich verstand das Wort „Pilger" jedoch im ursprünglichen Sinn; eine Pilgerreise im Autocar mit Radiomusik scheint mir dieses Namens nicht würdig zu sein. Der Pilger unterscheidet sich grundsätzlich vom Wanderer. Er ist zielgerichtet auf eine heilige Stätte. Einmal wartete nach einem Vortrag ein arg zerlumpter, langhaariger Jüngling vor der Tür auf mich und sprach mich mit den Worten an: „Wie kommen Sie eigentlich dazu, über Benedikt Labre zu schreiben, der gehört doch auf unsere und nicht auf Ihre Seite?" Ich schaute mir seine vernachlässigte Kleidung an und erwiderte ihm: „Es freut mich, dass Sie das Benedikt-Labre-Kapitel gelesen haben. Wenn Sie auf das Äußere schauen, mögen Sie Recht haben, aber wenn Sie auf Labres Inneres achten, dann hatte der heilige Bettler etwas in sich, das wahrscheinlich bei Ihnen und der heutigen Protestjugend fehlt. Bedenken Sie dies nochmals." Dann reichte ich ihm die Hand und verabschiedete mich von ihm. Der Untertitel des Büchleins lautet: „Drei Variationen über ein Thema", und damit deutete ich an: Mich gehen alle drei Konfessionen an, ich kenne keine Ausschließlichkeit.

Die nächste hagiographische Arbeit war DER CHRISTLICHE NARR (1956). Mit ihr konnte die weltklug gewordene Christenheit schon gar nichts anfangen. Bereits der Titel erweckte nur Verständnislosigkeit. Offenbar wussten die meisten Christen nichts mehr von der Aufforderung des Paulus „Welcher sich unter euch dünkt weise zu sein, der werde ein Narr in dieser Welt" (1 Kor 3,18). Der Narr in Christo war so vergessen, dass ein Pädagoge an unserer Universität entrüstet zu mir sagte: „Das hat uns gerade noch gefehlt, dass einer kommt und Pestalozzi als Narr darstellt." Gerhard Hauptmann schrieb den Roman „Der Narr in Christo, Emanuel Quint", aber das war ein rein pathologischer Fall, der mit der christlichen Narrheit so wenig zu tun hatte, wie sein „Ketzer von Soana" mit dem echten Ketzertum in Verbindung gebracht werden darf. Am Fehlurteil ist die Verbürgerlichung der Christenheit schuld, die ein verhüllter Feind der Evangelien ist, während der Gotteshass des Kommunismus offenkundig ist. Die bourgeoise Christentum-Auffassung ist eine schleichende Krankheit, die mit ihren Tendenzen eine unmerkliche Verfälschung betreibt, die sie selbst kaum erkennt. Vom christlichen Narren kann man lernen, dass der Heilige keine leere, langweilige Gestalt darstellt, sondern von einer Radikalität erfüllt ist, die ins Fleisch schneidet. Er ist von der christlichen Torheit ergriffen und steht in scharfem Gegensatz zu Gottes Bodenmannschaft, die vorwiegend darauf schaut, wie man eine Sache am besten schaukelt, damit sie möglichst vielen genehm ist. Der christliche Narr vollzieht eine viel radikalere Umwertung, als Nietzsche sie postulierte.

Dies hat Franziskus begriffen, zu dem Gott ausdrücklich sagte, dass er ein Tor in der Welt sein solle.

Dazwischen fing ich mit dem katholischen Priester Wilhelm Schamoni zusammen an, die Reihe HEILIGE DER UNGETEILTEN CHRISTENHEIT (1962–1969) herauszugeben. Schamoni war der Verfasser des schönen Buches „Das wahre Antlitz des Heiligen" und verfügte über eine große Kenntnis der Heiligenwelt. Wir legten Wert darauf, die Heiligen von Augenzeugen geschildert zu sehen und griffen immer auf die älteste Vita zurück. Im Ganzen gaben wir neunzehn Bände heraus, von denen ich sechs bearbeitete (Niklaus von Flüe, Elisabeth, die russischen Mönchsväter, Chrysostomus, Seuse, Hedwig). Dann geriet der Verlag in finanzielle Schwierigkeiten und brach die Reihe abrupt ab, ohne uns Herausgebern vorher nur ein Wort zu sagen. Mein Plan war, die Grenzen der ungeteilten Christenheit zu überschreiten und auch Viten aus dem 16. und 17. Jahrhundert herauszugeben. Aber daraus wurde nach dem verlegerischen Fiasko nichts.

Das Buch GLANZ DER LEGENDE (1964) trägt den Untertitel „Eine Aufforderung, die Einfalt wieder zu lieben". Es steht in einem deutlichen Zusammenhang mit den „christlichen Narren", welche die höhere Einfalt auf eine ungewöhnliche Weise realisierten. Natürlich wusste ich, dass die Legende bei den meisten Historikern suspekt war und in ihrem rationalen Weltbild keinen Platz hatte. Wenn etwas legendär überliefert war, hieß das für sie: Es ist so viel wie nicht wahr, die geschichtliche Überlieferung ist äußerst fragwürdig. An diesem Augenzwinkern der Historiker beteiligte ich mich nicht, sie schien mir eine Einstellung mit Scheuklappen. Mit diesem Vorurteil brach ich entschieden und schrieb zu dem Buch eine Einleitung „Legenden in legendarischer Sicht". In der Welt der Heiligen spielen nun einmal Legenden eine große Rolle, und wer Hagiographie betreiben will, muss die Kunst, Legenden zu lesen, ganz neu lernen. Gewisse Legenden bringen das Wesen eines Heiligen unüberbietbar zum Leuchten. In den „Fioretti" sind beispielsweise Partien enthalten, die wohl die Gestalt des Poverello ganz zu innerer Anschauung bringen. Bei den Legenden hat nicht die Frage nach der Historizität primäre Bedeutung, vielmehr kommt es eindeutig auf ihren Sinn an. Als ich an die Niederschrift des Buches ging, fragte ich jeden Katholiken, der mir über den Weg lief, ob er mir die Legende der Katharina oder die des Georg erzählen könne. Die meisten blickten mich verdutzt an, aber einmal erwiderte mir eine überzeugte Katholikin: „Das weiß ich nicht, aber dies hätte Ihnen meine Großmutter genau erzählen können." Dass die Großmutter die Legenden noch kannte, glaubte ich ohne weiteres, aber der heutige Christ weiß von ihnen kaum noch etwas. Ist dies nicht das Zeichen einer geistigen Verarmung? Geht nicht das christliche Erbe unmerklich immer mehr verloren? Diesem unaufhaltsamen Verlust musste doch entgegen gewirkt werden.

Zwei Jahre darauf ließ ich dem Thema ein neues Buch folgen: UNVERGÄNGLICHE LEGENDEN (1966). Es waren Kunstlegenden, die meine Frau Gert und ich einen ganzen Winter lang aus der neueren Dichtung zusammen suchten und mit denen dargetan werden sollte: Die Legende ist nicht bloß eine mittelalterliche Angelegenheit, sondern eine literarische Gattung aller Zeiten, die auch moderne Schriftsteller und Leser gleichermaßen beschäftigt. Auf sie kann nicht verzichtet werden, wenn man nicht die christliche Anschaulichkeit preisgeben will. Eine Legende wie „Das Zwiebelchen" versteht auch der einfachste Mensch, was man von den systematischen Abhandlungen doch nicht behaupten kann.

Wenige Jahre hernach gab ich BILDBÄNDE (ab 1975) von Heiligen heraus, insgesamt zehn Bände (Franziskus, Niklaus von Flüe, Elisabeth, Martin, Benedikt, Theresa von Avila, Thomas Morus, Katharina von Siena, Antonius von Padua, Maximilian Kolbe). Freilich war ich mit ihnen nicht zufrieden. Der gewalttätige Lektor des Verlages schrieb mir die Seitenzahl vor, wählte die Bilder selbstherrlich aus und funkte mir in verschiedener Beziehung hinein. Es war alles andere als eine erfreuliche Zusammenarbeit. Die schönen Bilder erinnerten zuweilen an Reiseprospekte und standen oft zum Text im Widerspruch. Schließlich lehnte ich die weitere Mitarbeit ab, obschon ich noch etliche Texte in der Schublade bereit hielt.

An hagiographischen Arbeiten erwähne ich noch DAS BUCH DER BÜSSER (1970). Es war ein unzeitgemäßer Titel und Inhalt. Doch Christus trat nun einmal mit dem Ruf auf: Tut Buße! Die Umkehr bildet das Eingangstor zum Evangelium. Den Zeitgenossen lag das Thema fern, sie wollten nicht auf die große Aufforderung eingehen. Umso stärker wirkte es auf mich. Mir gab es Gelegenheit, auf einige Heilige hinzuweisen, die man in den Winkel gestellt hatte, während doch der radikale Bruch in ihrem Leben überaus bedeutsam ist. Wiederum erschien mir der Heilige als der außerordentliche Mensch, der die Gewöhnlichkeit hinter sich gebracht und einen Schritt getan hat, der nicht so ohne weiteres nachgeahmt werden kann. Mögen die Büßer auch als altmodisch abgetan werden – dieses ebenso gedankenlose wie hochnäsige Urteil hat gar nichts zu besagen. Sie sind und bleiben die Menschen, die mit Christi Aufruf zum überrationalen Leben ganz Ernst gemacht haben. Übersehe man doch nicht, dass Franziskus und seine Mitbrüder „Büßer von Assisi" genannt werden. Mit dieser Umkehr begann das Wunder des Poverello, das ebenso fasziniert wie unfasslich ist.

Es würde langweilig wirken, wenn ich alle Heiligenbücher näher charakterisieren wollte. DER VERBORGENE GLANZ (1971), VOM BEISPIELHAFTEN LEBEN (1974) und HEILIGE IM ALLTAG (1976) folgten aufeinander. Sie alle bezeugen meine unvorstellbare Liebe zur Hagiographie, an der ich immer persönlich und nie bloß wissenschaftlich beteiligt war.

Ein besonderes Wort erfordert das Buch HEILIGE OHNE HEILIGENSCHEIN (1978), womit ich meine Darstellung auf die unkanonisierten Heiligen ausdehnte. Längst war mir klar geworden, dass nicht nur die Menschen heilig sind, die durch den amtlichen Heiligsprechungsprozess hindurch gegangen waren. Es gibt in der Geschichte der Christenheit auch anonyme Heilige, die an Wert nicht hinter den offiziellen Heiligen zurückstehen. Die Kirche hat auch nie behauptet, dass nur die heilig seien, die sie kanonisiert habe. Auch die Ostkirche und der Protestantismus haben Heilige hervorgebracht, die nicht weniger in ihrer Verborgenheit leuchten. Der Christ darf nicht nur amtlich denken, das ist nicht originell und entspricht schon gar nicht dem Evangelium. Man muss auch den Mut haben, die Dinge unabhängig anzuschauen. Das ist oft viel notwendiger, als das Übliche zum zehnten Mal zu sagen. Natürlich hat diese private Heiligsprechung – ich betrieb sie schon in „Große Heilige" mit den vorbildlichen Gestalten Gerhard Tersteegen und Niklaus von Flüe (der zu jener Zeit von Rom noch nicht kanonisiert war) – auch gewisse Gefahren: Das subjektive Urteil kann täuschen. Doch handelt es sich hierin nicht um eine persönliche Vorliebe, sondern ich wollte dem verhüllten Heiligen nachspüren, dem die offizielle Anerkennung nicht zuteil wurde. Unter ihnen gibt es ganz herrliche Frauen und Männer, ja die Heiligen ohne Heiligenschein tragen zu einer wünschenswerten Ausweitung der Hagiographie bei.

Immer von einer neuen Seite versuchte ich das Thema des Heiligen anzugehen, doch kam ich damit nie zu Ende. Es gibt viele Menschen, die nie nach einem Heiligenbuch greifen, sei es, dass ihnen das Thema in der Jugend durch fromm die Augen aufschlagende Personen verleidet wurde, oder dass sie sich darunter nur gänzlich veraltete Geschichten vorstellen können. Sie wollte ich durch das Buch GROSSE UNHEILIGE (1980) ansprechen und auf diesem Umweg für das Thema interessieren. Selbstverständlich standen für mich Heilige und Unheilige nicht auf der gleichen Stufe. Das wäre eine Verneinung der Ordnung. Doch werden die Unheiligen bei mir vom Standort der Heiligkeit und nicht etwa von dem der Unheiligkeit aus beleuchtet. Damit ist jedoch keineswegs eine Verdammung der Unheiligen verbunden. Dies kann niemals das Amt des Hagiographen sein. Mit gewissen Unheiligen verband mich eine tiefe Sympathie (Héloise, Baudelaire, Nietzsche). Unsympathisch war mir dagegen Bakunin, den ich nur deswegen einbezogen hatte, um an ihm einer dem Linksdrall verfallenen Jugend zu zeigen, wie phraseologisch die revolutionären Führer waren, wenn man sie näher studiert. Die Hagiographie muss so weit gefasst werden, dass auch die Gegenspieler der Heiligen ins Gesichtsfeld gerückt werden. Sie gehören in ihren Bereich. Damit ist freilich die Grenze der traditionellen Hagiographie überschritten. Dadurch aber erhält alles schärfere Konturen, und zugleich bleibt man eingedenk, dass man sich mit ihr nicht auf eine Insel der Seligen geflüchtet hat.

Die Hagiographie habe ich als das Thema meines Lebens bezeichnet. Das ist sie tatsächlich auch, wenn man die Anzahl der Bücher zählt, die ich bis zuletzt über die Heiligen geschrieben habe, wobei ich noch an die Biographien über DON BOSCO (1977) und MARY WARD (1983) erinnern darf. Abschließend bewerte ich meine hagiographische Beschäftigung als einen bescheidenen Neuanfang auf diesem Gebiet. Ich hoffe nicht nur, dass andere Hagiographen kommen, welche diese Thematik fortsetzen, sondern dass diese es noch viel besser machen, als ich es vermochte. Die neue Heiligenerfassung steht erst am Anfang und noch lange nicht am Ende. Bei den Heiligen geht es im Grunde doch um das, was sich nicht ausdrücken lässt. Sie denken und reden von dem, was zwischen den Worten schwingt. Das bedeutet nicht etwas Diffuses, wohl aber, dass der Heilige immer und unter allen Umständen über seinem Darsteller steht. Er lässt sich nie mit Worten einfangen. Dem Heiligen ist begrifflich nicht beizukommen, das höhere Gefühl erahnt ihn nur bis zu einem gewissen Grade. Dies sei der zukünftigen Hagiographie ins Stammbuch geschrieben.

So leidenschaftlich ich die Hagiographie liebte, so war sie doch nicht das einzige Thema meines Lebens. Ich war immer an einer möglichst breiten Basis interessiert, und deswegen beschäftigte ich mich auch stets mit *geistesgeschichtlichen* Themen. Sie fesselten mein ganzes Temperament und stehen auch meinem Herzen nahe, zumal das Christentum doch die ganze abendländische Kultur beeinflusst hat. Wir müssen allezeit über den Gartenzaun hinausschauen, wenn wir einen offenen, freien Blick behalten wollen.

Mein Hauptwerk auf diesem Gebiet trägt den Titel DAS BUCH DER KETZER (1949). Mit diesem Buch erschreckte ich zunächst –

ohne es zu ahnen – meine katholischen Leser nicht wenig, die meinten, doch an den falschen Mann geraten zu sein. Sie legten sich dann die Sache so zurecht, dass ich dieses Thema aufgegriffen hätte, um mich bei der evangelischen Kirchenbehörde vom Verdacht einer katholisierenden Einstellung zu reinigen. Das war ein ganz falscher Argwohn. Die evangelische Kirchenbehörde hat, wie ich bereits andeutete, von mir nie Notiz genommen. Ich konnte allezeit frei schalten und walten, wie es meinem Verständnis richtig erschien. Von der „Freiheit eines Christenmenschen" habe ich reichlich Gebrauch gemacht. Im Übrigen hat sich die Angst der Katholiken vor dem Ketzerbuch längst verflüchtigt. Ein Priester sagte mir einmal, er habe dieses Buch zu seiner Primiz bekommen und es mit Gewinn gelesen. Reinhold Schneider hat sich das Buch von mir gewünscht und nach der Lektüre zu mir gesagt, in einer späteren Auflage hätte er auch ein Anrecht, bei diesen Ketzern eingereiht zu werden.

Auch das Ketzerbuch hat eine lange Vorgeschichte. Ich bin in der katholischen Stadt Luzern aufgewachsen. Meine Mutter war eine überzeugte evangelische Christin und sagte zu mir in meiner Knabenzeit: „Die Katholiken beurteilen uns als Ketzer, aber dessen brauchst du dich nicht zu schämen." Irgendwie war sie sogar stolz auf diese Bezeichnung. Den Schimpfnamen empfand sie als Ehrennamen, und diese Auffassung ging damals auf mich über. Ich war früh an diesem Thema interessiert, obschon ich seiner zunächst nicht habhaft werden konnte. Da schenkte mir zu meinem 20. Geburtstag meine Braut Lily Gottfried Arnolds „Unparteiische Kirchen- und Ketzerhistorie". Es ist mir unmöglich zu schildern, mit welchen Gefühlen ich damals dieses kostbare Geschenk in Empfang nahm. Dieses Buch hatte ich mir schon sehr früh ersehnt, aber nie daran gedacht, dass ich es je einmal besitzen würde. Nun vertiefte ich mich mit einer wahren Begeisterung in die beiden Folianten. Seither gewann Arnold für mein Interesse an den Ketzern eine ähnliche Bedeutung wie Tersteegen sie für meine Liebe zu den Heiligen erlangt hatte. Arnold ist eine ungewöhnliche Gestalt, von deren Mächtigkeit ich in diesem Zusammenhang keine annähernde Vorstellung geben kann. Ich habe mehrmals über ihn geschrieben – in der „Kirchengeschichtsschreibung", im „Ketzerbuch" und in der „Heimlichen Weisheit" – und mir die Genugtuung geholt, es sei auf kongeniale Weise geschehen. Wenn ich ein Werk von Arnold in einem Antiquariatskatalog angeboten fand, habe ich es mir erworben, so „Die erste Liebe", „Das Leben der Alt-Väter", „Das Leben der Gläubigen" (das auch Niklaus von Flüe behandelt) und „Die mystische Theologie". Ich selbst gab später sein ganz seltenes Werk DAS GEHEIMNIS DER GÖTTLICHEN SOPHIA mit einer Einführung heraus. Auf diesen Blättern überging ich seine dichterische Leistung und seine tiefsinnige Mystik und hob einzig den furchtlosen Anwalt der Ketzer hervor. Arnold stellte nicht, wie das gewöhnlich geschah, die Ketzer als gottlose Gesellen hin, sondern in einer freilich einseitigen Umkehrung sah er in ihnen gerade die wahren Christen, die von der Kirche verleumdet und misshandelt wurden. Hierin folgte ich ihm bei aller Verehrung nicht, so einfach war das Ketzerthema für mich nicht. Die Ketzer bedeuteten für mich ein notwendiges Korrektiv zur Kirche. Der Verfasser der „Unparteiischen Kirchen- und Ketzerhistorie" schenkte mir den Mut, mich gleich zu Beginn von der offiziellen Kirchengeschichtsschreibung frei zu machen und mich der verketzerten Menschen ohne jedes Vorurteil anzunehmen.

In meiner Darstellung behandelte ich nicht Gestalten, die sich einfach in einer Negation der Kirche gefielen. Dies schien mir wenig sinnvoll. Ich hielt mich vorwiegend an positive Figuren, die für ein neues, vertieftes Verständnis des Christentums eintraten und bereit waren, dafür auch Leiden und Verkennung auf sich zu nehmen. Freilich standen sie notgedrungen in einem spannungsvollen Verhältnis zur institutionellen Kirche, die vielfach in Macht und Bürokratie erstarrte. Ketzer waren Pioniere, oft waren sie Heilige, meinetwegen verunglückte Heilige, nichts desto weniger jedoch Heilige. Deswegen hatte ich ein gutes Gewissen bei der Abfassung dieses Buches, mochte ich deswegen von der Orthodoxie auch schief angesehen werden, dies irritierte mich gar nicht.

Ich habe „Das Buch der Ketzer“ mit der gleichen inneren Freude geschrieben wie „Große Heilige“, weil ich mich auch stets zu ihnen hingezogen fühlte. Der Ketzer war für mich der unabhängige Mensch, der die Haltung des Einzelnen verkörperte und sich für seine eigene, christliche Überzeugung einsetzte. Er bedeutete mir eine zu bejahende Gestalt, deren Streben oft aus Unkenntnis Jahrhunderte lang verkannt wurde. Die Rehabilitierung des Ketzers ist eine schwere, aber – vom Gesichtspunkt der Gerechtigkeit aus – unerlässliche Arbeit. Dies wird neuerdings auch von katholischer Seite erkannt, wenn man an die Bemühung Lubacs um den großen Origenes denkt. Persönlich ordnete ich mich in ihrer Nähe ein – dies tat uns gegenüber auch Leopold Ziegler –, zumal ich gewisse verpönte Gedanken mit ihnen teilte, z.B. die chiliastische Erweckung oder die am Ende erreichte Seligkeit aller Menschen. Mitnichten ging es mir dabei um einen verkappten Angriff auf die Kirche, da mir die Unterscheidung Augustins von sichtbarer und unsichtbarer Kirche überaus eingeleuchtet hat und ich mich stets als einen Sohn der letzteren fühlte.

Mit der Niederschrift des Ketzerbuches löste ich mich endgültig vom dogmatischen Denken. Bereits als Student hatte mir die Lektüre einer Dogmatik Mühe gemacht, welcher Richtung sie auch sein mochte. Die oft unverschämte Gotteswisserei kam mir als Anmaßung vor, welche die Ehrfurcht vor dem Geheimnis mit dem Intellektualismus vertauschte. Doch erfüllte mich kein Eifer gegen die Dogmen, weil ich ihre Entstehung als historische Notwendigkeit durchaus begriff. Die Verabschiedung des dogmatischen Denkens geschah stillschweigend und war mit keiner religiösen Krise verbunden, dafür hatten die Ketzer gesorgt. Jedenfalls waren für mich Heilige und Ketzer keine unvereinbaren Gegensätze. In mir waren sie gegenseitige Ergänzungen, und damit blieb ich dem Vermächtnis Gottfried Arnolds treu, dem ich eine neue Aktualität zu geben wünschte.

Zu den geistesgeschichtlichen Werken zähle ich auch RELIGIÖSE DENKER (1942). Darin werden vier Gestalten behandelt, mit denen ich mich seit langem beschäftigt hatte und über die ich mir gerne klar geworden wäre. Jetzt konnte ich auf ihre Fragen, die die Fragen der heutigen Menschen sind, eingehen. Freilich wurde ich mit ihnen nicht endgültig fertig, sondern sie arbeiteten in mir weiter. Auch entsprach ihnen die Überschrift „Religiöse Denker“ nicht in allen Teilen. Die von ihnen aufgeworfenen Fragen „nach den anderen Ufern“ nahm ich fünfzehn Jahre später nochmals in Angriff. Van Gogh wollte ich in einem anderen Buch unterbringen – obwohl er nicht nur gemalt, sondern auch viel gedacht hat – und ersetzte ihn durch John Henry Newman, mit dem sich bis dahin kein evangelischer Christ eingelassen hatte. In einer völligen Überarbeitung nannte ich das Buch jetzt PROPHETISCHE DENKER (1957) und stellte ihm eine lange Einleitung über „Das Prophetische im christlichen Geschichtsraum“ voran. Die Gestalt des Propheten – eine Kategorie wie die des Apostels – ist eine religiöse Größe. Sie wird heutzutage ganz unverantwortlich leichtfertig in den Mund genommen. Nicht jeder Schein ist eine prophetische Figur, beim Gebrauch des Wortes ist größte Vorsicht geboten, und nur seltenen Ausnahmen kommt diese Bedeutung zu.

Ebenfalls geistesgeschichtlich ausgerichtet ist DAS EWIGE REICH (1944). Es ist aus einer Vorlesung hervor gegangen, die ich über die Geschichte des Chiliasmus halten wollte, aber nicht konnte, weil die armen Studenten nicht wussten, was Chiliasmus ist, und die Vorlesung nicht belegten. Erst als ich die gleiche Vorlesung nach zwei Jahren nochmals unter dem Titel „Die Erwartung des Gottesreiches vom Urchristentum bis zum modernen Kommunismus“ ankündigte, war der Saal voller Zuhörer. Nicht die Geschichte einer Idee durch die Jahrhunderte, sondern die existenzielle Erwartung habe ich darin dargestellt. Das Reich bildete den Inhalt der Botschaft Jesu, doch was man sich darunter vorzustellen hatte, war nicht eindeutig. Die Vorstellung des Reichs hat sich im Laufe der Zeit stark gewandelt und nie eine abschließende Klarheit erreicht. Mein Verleger war ganz entsetzt, als ich mit einem Bericht aus Gorkis „Nachtasyl“ schloss, nach welchem ein Mann sich erhängte, als ein Gelehrter ihm nachweisen wollte, ein Land der Gerechten gebe es gar nicht. Ähnlich war mein Glaube an das ewige Reich. Der Band erschien in der dritten Auflage in einer Taschenbuch-Ausgabe, obwohl es von Ragaz als so gefährlich eingestuft wurde, dass er ein ganzes Buch (Die Sache Christi) dagegen schrieb, das jedoch unter den Tisch fiel. Ich brachte in meiner Schrift auch die Parusie-Verzögerung zur Sprache, eine Tatsache, die gewöhnlich mit Stillschweigen übergangen wird und welche die rechtgläubigen Kreise veranlasste, das Buch abzulehnen. Nach meiner Auffassung kam jedoch die Übergehung dieses Problems einer Leugnung der Nah-Erwartung im Urchristentum gleich. In dem Kapitel „Das Enttäuschungs-Erlebnis" schrieb ich offen darüber. Für mich war dies eine Frage der Ehrlichkeit, die der Geschichte der Reichserwartung die tragische Note verlieh, die als Anfechtung durchgestanden werden muss. Geschichte darf man nicht harmonistisch verkleistern, sondern ihre schweren Widersprüche und Gegensätze sind auszuhalten. Dessen ungeachtet hielt ich den Glauben aufrecht: Das Reich muss uns doch bleiben!

In meiner zweiten Phase beschäftigte mich noch ein Problem, das ich mit den Worten von Bonhoeffer umschreiben möchte: „Weltlich von Gott reden". Als ich damit anfing, gab es diese Formulierung noch nicht, aber das Problem existierte natürlich bereits. Die Ketzer gaben mir auch die Freiheit, einen Spaziergang in ein anderes Gebiet zu unternehmen, indem ich MALER DES EWIGEN (1951) schrieb. Das war die Tat eines Strauchritters, denn ich hatte nie Kunstgeschichte studiert und mich erst danach mit ihrer formalen Betrachtungsweise bekannt gemacht. Sie schien mir berechtigt, aber bloß als eine Vorarbeit. Der inhaltlichen Aussage des Malers gingen die Kunsthistoriker gewöhnlich aus dem Wege, für mich aber war sie von zentraler Bedeutung. Die Zeit der Dogmatikbücher gehörte der Vergangenheit an, derartige Werke interessierten höchstens noch die angehenden Pfarrer, und nicht einmal die ernstlich. Die heutigen Menschen erreicht man mit solch einer Fachliteratur schon gar nicht mehr. Ich aber wollte mit ihnen auf eine rein weltliche Art reden, und dies konnte man, wenn man über Kunst zu sprechen anfing. Dabei wollte ich auch mir selbst Rechenschaft ablegen: Was zieht mich immer so stark zu Rembrandt oder Grünewald hin? Warum kann ich deren Bilder stundenlang anschauen, ohne ihrer überdrüssig zu werden? Was fesselt mich denn so stark an diesen Malern, obschon sie schon viele Jahrhunderte tot sind? Was wollte der Künstler mit einem Gemälde wie „Der verlorene Sohn" aussagen? Weshalb halte ich vor diesem Bild den Atem an und verstumme vor ihm? Es lag mir also fern, mit den Kunsthistorikern in Konkurrenz zu treten, die dann auch von meinem Buch keine Notiz nahmen. Vielmals spürte ich beim Anblick gewisser Kunstwerke etwas Göttliches, zuerst unbewusst, und diesem Erlebnis wollte ich auf die Spur kommen. Auch bei den „Malern des Ewigen" ging es mir um das Religiöse und um nichts anderes. Die Liebe zur Kunst war nicht ein Ausweichen ins Ästhetische. Die ästhetische Lebenshaltung habe ich, dank der Lektüre von Kierkegaards Werken, völlig durchschaut als mangelnden Ernst und Verantwortungslosigkeit. Wohl aber verstand ich fortan – wie die mittelalterlichen Christen – die Schönheit als einen Abglanz des Göttlichen, und nicht wie gewisse protestantische Theologen als eine Konkurrenzierung des Wortes. Ich gab mich der Freude an den großen Kunstwerken bedenkenlos hin, auch sie waren ein Weg zum Göttlichen.

Eigentlich wollte ich den zweiten Band MALER DES EWIGEN (1961) „Moderne Ikonen" nennen, aber der Verleger bestand auf dem Titel des ersten Bandes. Es gereichte mir zur besonderen Genugtuung, dass ich auf einige meiner Generation unbekannte Maler hinweisen konnte. Durch diese Beschäftigung trat ich auch mit Künstlern in persönliche Verbindung, und gern gestehe ich, dass ich mich in ihrem Kreise viel wohler fühlte als im Verkehr mit meinen Amtskollegen. Mit einem Pfarrer allein konnte ich immer gut reden, aber in einer Pfarrerversammlung musste ich stets an Theresia von Avilas humoristisches Wort denken: Hundert Nonnen, das ist die Hölle.

Die gleiche Überlegung leitete mich bei meinem nächsten Spaziergang in die Literatur, der sich in WALLFAHRT ZUR DICH-

TUNG (1966) niederschlug. Auch hier wollte ich in keinen Wettstreit mit den Literaturhistorikern treten. Von früher Jugend an las ich eifrig die erzählende Literatur, und daraus ergab sich später ein inniges Verhältnis zur Dichtung. Die Dichtung habe ich einmal meine heimliche Geliebte genannt. Allerdings hat meine Auffassung von der Dichtung gar nichts mit der heutigen Schriftstellerei zu tun, die sich in bloßer Zeitkritik, Ironie und Satire gefällt. Die Dichtung des Abendlandes hatte es mir angetan, und ich liebte die nordische Dichtung nicht weniger als die französische, die deutsche so gut wie die englische.

Die Lektüre der russischen Literatur wurde zu einem meiner stärksten Erlebnisse. Sie vermittelte mir einen anderen Zugang zum Evangelium als denjenigen, der mir auf der Universität gewiesen worden war, und das war mir überaus wichtig. Die stille Sonja aus Dostojewskijs Roman „Schuld und Sühne" schloss ich mit Begeisterung in mein Herz, sie begleitete mich auf meinem Lebensweg, wie es „Der Idiot" tat. Außer Dostojewskij las ich Gogol, Tolstoi, Lesskow, Tschechow bis zu den Symbolisten, alle mit brennenden Augen. Sie wirkten auf mich beinahe wie ein Narkotikum, und diese Liebe zum russischen Menschen ließ ich mir durch den Kommunismus nicht nehmen. Wenn ich alle Aufsätze zusammenstellte, die ich über russische Heilige, Dichter und Denker geschrieben habe, würde sich ein umfangreicher Band ergeben. Ich habe der ostkirchlichen Frömmigkeit ein ebenso starkes Interesse geschenkt wie dem Katholizismus. Es freute mich, dass eines Tages ein mir völlig unbekannter Russe aus Paris nach Dällikon kam, um mir den Dank der russischen Orthodoxie abzustatten. Er verabschiedete sich auf echt russische Art, indem er mich in seine Arme schloss. Dass ich mir jedoch darauf nichts einbildete, dafür sorgte bald ein anderes Erlebnis. Eine mit uns befreundete russische Dame fragte mich: „Wie manchmal sind Sie eigentlich in Russland gewesen?" Ich antwortete: „Ich habe nie russischen Boden betreten." Darauf meinte sie: „Dann ist alles, was Sie geschrieben haben, à la Karl May?!"

Mich fesselten stets die Fragen, wie tief ein Dichter in die Hintergründe des Lebens eingedrungen ist und wieso die Dichter so anders vom Ewigen zu schreiben verstehen als wir Theologen. Wie die klassischen Musiker führen sie den aufmerksamen Leser in die Nähe Gottes. Wie nahe bei mir Hagiographie und Dichtung stets verbunden waren, bezeugte ich noch viel später mit dem Buch HEILIGE UND DICHTER (1982). Dies war für mich zwar nicht die gleiche, aber eine ähnliche Melodie.

Zu meinen geistesgeschichtlichen Arbeiten zähle ich auch das Buch WAS BLEIBEN SOLL (1973). Der Untertitel „Zehn biographische Meditationen“ stammt wiederum vom Verleger, der ihn hinzufügte, ohne mir etwas davon zu sagen. Das Wort „Meditation“ war mir viel zu modisch und deswegen gebrauchte ich es nicht. Das Verhalten der Wegwerfgesellschaft hatte auch auf das Geistige übergegriffen. Die Christenheit wurde von dem Gedanken beherrscht, die Glaubensüberzeugungen unterlägen einem beständigen Wandel und würden immer von der nachfolgenden Generation überholt. Bereits als Student hatte ich erlebt, wie meine Kommilitonen mit liberaler Gesinnung zu Bett gingen und als dialektische Theologen aufwachten. Darüber empfand ich nur Verwunderung. Um ja auf der Höhe der Zeit zu sein, gab man seine Anschauungen jeweils mit einer Leichtfertigkeit ohne gleichen preis. Dies zog verhängnisvolle Folgen nach sich: Ernsthafte Gedanken wurden so schnell wie möglich auf die Seite gelegt, so dass sie sich gar nicht entfalten und wirksam werden konnten. Die unglückselige Einstellung wertete das Geistige wie die Mode der Frauenröcke, die bald kniefrei und dann wieder bis zu den Waden getragen wurden, ganz wie es den extravaganten Modeschöpfern gefiel. Dem verantwortungslosen Treiben wollte ich entgegen treten, indem ich eine Barriere vorschob und Halt sagte. In dem fließenden Strom der Zeit musste etwas bleiben, es gab doch ein Bleibendes in allem Wechsel. Ich erinnerte an zehn Gestalten, mit denen man meiner Ansicht nach allzu schnell fertig geworden war. Es war nicht meine Meinung, dass nur die zehn Gestalten aus unserer Generation nicht vergessen werden dürften.

Sie hatten paradigmatische Bedeutung. Unter ihnen waren Katholiken, Protestanten und Juden. Ich schaute nicht auf die Konfession, sondern suchte die Basis breit anzulegen. Vor allem war ich von dem Gedanken erfüllt: Wenn wir die Menschen, die uns bleibende Werte vermittelten, weiterhin so auf die Seite schleudern, so werden wir nie mehr einprägsame Gestalten erhalten. Wir verlieren dann die Fähigkeit, überhaupt etwas Großes zu erleben. Für mich waren diese Männer Weggefährten, die ich mir nochmals und zwar auf eine verinnerlichte Art näher anschauen wollte. In diesem Band habe ich auch auf José Orabuena hingewiesen, leider umsonst. Es war mir nicht beschieden, diesem stillen Dichter zum Durchbruch zu verhelfen, auch nicht, als ich nach seinem Tode der Herausgeber seiner Werke wurde.

Noch ein Gebiet gibt es, das ich neben der Hagiographie und der Geistesgeschichte mit betonter Intensität pflegte: die *Mystik*. Als Jüngling kaufte ich mir 1919 die Meister Eckhart-Ausgabe aus dem Eugen Diederichs Verlag. Natürlich begriff der Sechzehnjährige damals den großen Mystiker nicht annähernd, ich hörte nur wie in einer Muschel das ferne Meer rauschen. Doch die Ausführungen über die Gottesgeburt in der Seele verzückten mich. Ich verfolgte die mystische Fährte weiter, indem ich mir die Ausgaben von Tauler und Seuse zulegte und einige Zeit später auch zur spanischen und französischen Mystik vorstieß. Ich bin dankbar, frühzeitig die Religiosität gefunden zu haben, nach der meine Sehnsucht ging und die meinem Wesen die Erfüllung schenkte.

Auf der Universität wehte zu jener Zeit ein heftiger antimystischer Wind. Darüber möchte ich nicht weiter schreiben, denn ich schäme mich über die törichten Argumente, die Leute gegen die Mystiker vorbrachten, deren Werke sie nicht einmal gelesen hatten. Offenbar lag da ein Komplex vor, den vielleicht ein Psychiater hätte lösen können. Unbeirrt von dem Gerede gegen die Mystik kündete ich meine Vorlesung „Geschichte der Mystik" an. Dabei wurde mir klar, dass nicht nur die katholische Kirche eine reichhaltige Mystik in ihrem Schoß barg, sondern dass auch in der evangelischen Kirche eine mystische Strömung vorhanden war, die freilich wenig bekannt war und immer ins Abseits gedrängt wurde. Auf zwei mir lieb gewordene Vertreter, Gottfried Arnold und Gerhard Tersteegen, habe ich bereits hingewiesen. Aus dieser Beschäftigung erwuchs das Buch HEIMLICHE WEISHEIT (1959) mit dem Untertitel „Mystisches Leben in der evangelischen Christenheit". In der zweiten Auflage hat der Verleger eigenmächtig, ohne mir nur ein Wort zu sagen, den Untertitel geändert in „Mystisches Leben im 16. und 17. Jahrhundert". Dadurch erhielt das Buch ein schiefes Gesicht, denn zur Mystik des 16. und 17. Jahrhunderts gehört auch die katholische Mystik, die ich immer hoch eingeschätzt habe, die aber im Buch mit keinem Wort erwähnt wird. Das selbstherrliche Vorgehen des Verlegers kann ich nur bedauern.

Die Mystik kann nie Sache der breiten Masse sein, doch ist sie auch nicht nur für eine Elite bestimmt. Das wäre ein Missverständnis. Nur „die kleine Herde" der innerlich veranlagten Naturen hält sie für den Kern des Christentums. Bereits im Neuen Testament finden sich eine paulinische und eine johanneische Mystik. Sie greift über die bloß zeremoniell aufgefasste Religion hinaus und drängt auf eine personale Verbindung mit dem Göttlichen.

Wie freue ich mich, dass heute der Zugang zur Mystik wieder offen steht und die Zeit der plumpen Ablehnung der Vergangenheit angehört. Doch ist man erst bei einer intellektuellen Einsicht von ihrem Wert angelangt, und zu ihrer existenziellen Ausgestaltung ist noch ein weiter Weg. Es kann vorkommen, dass die Mystik in einen nebulosen Mystizismus entartet oder eine fernöstliche Färbung annimmt, die gewöhnlich in unserer europäischen Kultur bloßen Snobismus bedeutet. Die Mystik eines Johannes Tauler, eines Jakob Böhme, um nur zwei Namen zu nennen, ist aus dem evangelischen Christentums-Verständnis jedoch nicht auszuschließen. Dabei ist die evangelische Mystik niemals in Gegensatz zur katholischen Mystik zu rücken; für mich sind sie Geschwister. Gerne gestehe ich, dass mir die „Heimliche Weisheit" das liebste meiner Bücher ist. Nur ein mystisch aufgefasstes

Christentum kann die kalte Leere des heutigen Menschen überwinden, ein Ziel, von dem wir zur gegenwärtigen Stunde noch weit entfernt sind.

Die Zuwendung zur Hagiographie musste sich schließlich auf einem weiteren Gebiet fruchtbar auswirken. Das war die *neue Sicht der Bibel.* Die Frage nach dem entsprechenden Bibelverständnis lauerte stets im Hintergrund. Sie war mit meinem Beruf als Pfarrer gegeben, da ich ja jeden Sonntag auf der Kanzel stand und die biblische Botschaft zu verkünden hatte. Ein Christus-Buch zu schreiben, erachtete ich immer als ein verfehltes Unterfangen. Zur Erhärtung dieser Auffassung verweise ich auf die zahlreichen Jesusbücher, die alle einen unbefriedigenden Eindruck hinterlassen. Sie sind durch die Evangelien zum Voraus überboten und können deren Vorrang bei weitem nicht einholen. Deshalb versuchte ich auf eine andere Art an mein ungelöstes Problem heran zu treten. Diese Arbeit trägt den Titel BOTSCHAFTER DES GLAUBENS (1968). Die Überschrift stammt vom Verleger, der sie aus verkaufstechnischen Gründen wünschte. Meinen Titel „Im Widerschein" lehnte er als unverständlich ab, obwohl ich nach wie vor dafür halte, dass er dem Wesen des Buches viel mehr entsprochen hätte. Ich wollte doch zeigen, wie leuchtend und zugleich wie verschieden die Gestalt Christi sich in den Berichten der vier Evangelisten widerspiegelt. Das Buch hat mit der offiziellen Zunft gar nichts zu tun. Ein Kollege meinte in seiner Besprechung, es sei unverständlich, wie sich ein Verlag dazu hergeben konnte, ein so dummes Buch überhaupt zu publizieren. Die beschuldigte Dummheit hielt ich für kein so großes Unglück, sie war mir viel lieber als jede sich akademisch gebärdende Theologie, die doch auf dem letzten Loch zu pfeifen scheint.

Die Niederschrift der „Botschafter des Glaubens" nötigte mich erneut, mich mit der modernen Bibelkritik zu beschäftigen. Es erschien mir immer als ein großes Versagen der dialektischen Theologie, dass sie einer Auseinandersetzung mit der Bibelkritik aus dem Wege ging. Mit einer Ignorierung ist so wenig geholfen wie mit höhnischen Bemerkungen über sie. Deswegen hat sie beinahe mit Notwendigkeit die Entmythologisierungs-Theologie als Antwort auf den Plan gerufen. Die Bibelkritik ist nun einmal da, und man muss ihr in die Augen schauen. Wer es nicht tut, macht sich die Sache zu leicht. Auch ist es unstatthaft, ihre Vertreter – die ich doch als ganz ehrliche Leute kennen gelernt habe – als Ungläubige zu disqualifizieren. Sie ist in ihrer Arbeit ernst zu nehmen. Doch die Bedenken ihr gegenüber sind offen darzulegen.

Die Bibelkritik lebt von ihrem Wahrheitspathos. Ihr Wahrheitsbegriff entspricht jedoch der Vorstellungswelt des 19. Jahrhunderts, und sie ist in ihrer Argumentation ganz ein Kind ihrer Zeit. Sie setzt die Wahrheit mit der Wissenschaft gleich. Gegenüber der Wissenschaft nimmt die Bibelkritik eine völlig unkritische Einstellung ein, ähnlich wie es heute noch der Kommunismus mit seinem wissenschaftlichen Sozialismus tut. Sie begriff nicht, dass die Wissenschaft eine Wahrheitssuche und nicht die Wahrheit selbst ist. Auch arbeitet die historisch-kritische Forschung stets mit einer großen Anzahl von Hypothesen, die sie aufstellt und auch wieder fallen lässt. Ebenso gibt sie sich über den Unterschied von antikem und modernem Denken zu wenig Rechenschaft. Bei ihrer Arbeit ist die Bibelkritik von rein rationalen Überlegungen geleitet. Sie ist dem Rationalismus verpflichtet, der das Schicksal der Neuzeit ist. Deswegen bleibt die Bibelkritik auch stets dem begrifflichen Denken verhaftet. Folgerichtig stellt sie die Methode über den Inhalt. Immer stellt sie sich über den Text und nie unter ihn, ihre Vernunft entscheidet, ob er „echt" oder „unecht" ist, und sie knetet philologisch an ihm herum. Nun darf man wohl in aller Ruhe sagen: Der rationale Schlüssel der Bibelkritik passt nicht zu dem überrationalen Schlüssel der Schrift. Sie bringt diese Türe mit diesen Mitteln nicht auf. Deswegen ist sie in eine Sackgasse hineingeraten, in der sie sich schon seit Jahrzehnten befindet. Sie betreibt ein Gehen an Ort und kommt nicht vom Fleck. Sie sollte ihre Arbeit einer grundsätzlichen Überlegung unterwerfen und den Anspruch auf Ausschließlichkeit aufgeben. Jedenfalls fühlte ich mich genötigt, nach einem neuen Weg zu suchen, um aus dem ausgefahrenen Geleise heraus zu kommen. Es bedarf einer anders gearteten Bereitschaft zum Lesen und Hören der Schrift, der Bereitschaft, ein lebenslängliches Gespräch mit den biblischen Texten zu führen, und der Verabschiedung der Systematik, die stets auf eine Vergewaltigung der Bibel hinaus läuft.

Eine Rückkehr zum alten Biblizismus kommt nicht in Frage. Es würde nur zu einem Fundamentalismus führen, der im Unfruchtbaren endigt. Schon der alte John Bunyan hat sich über die Buchstäbler aufgehalten. Man darf nie zu einer früheren Epoche zurückkehren, weil man „nicht zweimal in den gleichen Fluss hinein steigen kann", wie Heraklit sagt.

Bei meiner Suche nach einem anderen Bibelverständnis erfuhr ich eine unerwartete Förderung von meinem hochgeschätzten Franz Overbeck. Er war den Weg der Kritik bis zum Ende gegangen, und dort am äußersten Ende tat sich ihm ein ganz ungeahnter Tiefblick auf. Gerade weil er so tendenzlos forschte, wurde er zur Kritik der Kritik geführt. Deutlich sagte er, dass die historische Methode dem Neuen Testament nicht auf die Spur kommt, weil es sich da um Urliteratur handelt. Overbeck hat diese Sicht nicht in einem Werk dargestellt, sondern in seinem bedeutsamen Aufsatz „Über die Anfänge der patristischen Literatur". In seinen hinterlassenen Papieren hat er gewichtige Andeutungen gemacht, die leider viel zu wenig Beachtung fanden. Nach Overbeck ist Urliteratur – zu der das Neue Testament gehört – eine qualifizierte Vergangenheit, eine Vergangenheit in höchster Potenz, Mehr-als-Vergangenheit, eine Übervergangenheit. „Urgeschichtliche Probleme sind in steter Gefahr, im Lichte betrieben zu werden, in dem alle Katzen grau sind. Sie sind daher nur Forschern erlaubt, die in diesem Lichte zu sehen vermögen – also Forschern mit Katzenaugen, die im Dunkeln sich zurechtfinden" (Christentum und Kultur, S. 20). Unmissverständlich sagt er, dass die Urgeschichte – nicht im chronologischen Sinn verstanden – mit der gebräuchlichen historischen Methode nicht erfasst werden kann. Urgeschichte gleicht der Nacht, und es bedarf nach Overbeck

Katzenaugen, um sich in ihr zurecht zu finden. Wie oft habe ich über diese ungewöhnlichen Worte gebrütet und sie als Fingerzeig zu einem anderen Bibelverständnis verstanden.

Entscheidend war für mich die Einsicht: Die Bibel ist in einer großartigen *Bildersprache* geschrieben. Nach dem Johannesevangelium hat Christus selbst von seiner Bildrede gesprochen – Joh 10,6 und und 16,25 –, was Luther mit dem ungenügenden Wort ‚Sprichwörter' übersetzte. Die biblische Bildrede gehört der mythisch-mystischen Welt an. Das Mythische ist nicht als ein Produkt der Volksphantasie zu verstehen. Das ist das negative Missverständnis, an dem der junge David Friedrich Strauß gescheitert ist. Es muss als höhere Realität erfasst werden, die schauend positiv zu werten ist, auf eine Weise wie dies Johann Jakob Bachofen gegenüber den griechischen Mythen tat. Das Mythisch-Mystische ist nicht mit den modernen Begriffen zu fassen, es verlangt nach einer Umschreibung in Bildern. Die Worte der Bilder sprechen eine ewig gültige Wahrheit in bildnerischer Einkleidung an. Sie wenden sich nicht an den zergliedernden Intellekt, sondern man muss sie schauen. Das übernatürliche Schauen allein führt zu einer anderen Lebensführung. Ein Antonius von Ägypten verstand die Erzählung vom reichen Jüngling richtig, weil er sie schauend direkt auf sich bezog, seinen Besitz sogleich verkaufte und nicht einen langweiligen Kommentar über die einzelnen Verse schrieb. Wann hat ein neutestamentlicher Exeget bei der Verlesung von Jesu Aussendungsrede wie Franziskus in die Hände geklatscht und gesagt: „Das ist es, was ich will! Das ist es, was ich will!" und fortan nach ihr gelebt? Die neutestamentliche Wissenschaft hat ihre Konjekturen angebracht und damit alles unsicherer gemacht. Die grandiose Bildersprache der Bibel kann nur im Vollzug verstanden werden, wogegen die Gelehrsamkeit meistens dazu dient, sie sich vom Leibe zu halten. Das ist allerdings eine mehr als notdürftige Skizze. Ich hoffe, dass einmal jemand kommt, der diese grandiose Arbeit viel umfassender ausführt und lebt.

Im übrigen finden sich auch bei Luther Gedanken, die bei diesem Vorhaben gute Dienste leisten. Er schrieb einmal: „Jede Wissenschaft hat ihre eigenen Begriffe und Vokabeln, mit denen sie arbeitet, und diese Vokabeln gelten in je ihrem Gegenstandsbereich. Die Juristen haben ihre Vokabeln, die Mediziner die ihren, die Naturphilosophen die ihren. Überträgt man sie von einem Gebiet in ein anderes, dann gibt es eine unerträgliche Verwirrung, am Ende verfinstert diese alles. Wenn ihr dennoch diese Vokabeln benützen wollt, so reinigt sie zuvor gründlich, führet sie mal zum Bade".[2] In dieser unerträglichen Verwirrung befindet sich die Christenheit in Beziehung zur Bibel. Sie hat mit der notwendigen Reinigung noch nicht einmal begonnen. In unserer Zeit hat Paul Schütz darüber reflektiert in seiner Schrift „Die Kunst des Bibellesens".

Am Versuch, die Bibel neu zu lesen, beteiligte ich mich mit meinem Buch DREI GROSSE ZEICHEN (1972), das ich als eine Skizze oder auch als ein Beispiel verstanden habe. Man kann doch nicht sagen, dass es eine gezähmte, leisetreterische Auffassung sei, die bei der alten Erbaulichkeit lernte. Die Hiobdarstellung lässt den Aufruhr des alttestamentlichen Rebellen in seiner ganzen Wucht zur Geltung kommen. Bei Elias wird wohl die überdimensionierte Größe des Propheten betont, aber seine Vernichtung der Baalspropheten nicht wortlos hingenommen. Die dritte Studie über Sophia nimmt ein Thema auf, an das sich die wissenschaftliche Exegese nie gewagt hat. Dieser unterirdisch dahin fließende Strom wurde als zu fremdartig empfunden und deswegen wohl von den meisten Lesern überschlagen. Ein Freund meinte, ich hätte dies nicht schreiben dürfen, während ich die Auffassung hege, ich hätte mich einer Unterschlagung schuldig gemacht, wenn ich meine geliebte Sophia verschwiegen hätte. Nach wie vor huldige ich der Überzeugung, dass die Bibel kein frommes Buch ist. Es ist gefährlich, sich mit der Heiligen Schrift einzulassen,

2 *Anmerkung der Herausgeber:* Martin Luther, Weimarer Ausgabe, Band 39 I, 222,6.

sofern man sie nicht wie ein Schriftgelehrter liest. Christus befand sich im Gegensatz zu den Schriftgelehrten. Worin soll der Unterschied zwischen einem jüdischen und einem christlichen Schriftgelehrten bestehen? Beide fallen doch unter das gleiche Urteil, das Christus in aller Schärfe über sie gefällt hat. Die Worte der Bibel sind mit Explosivstoff geladen, den man zu spüren bekommt, sofern man sie nicht in ein wissenschaftliches oder erbauliches Papier einwickelt.

Da ich mich mit Hagiographie, mit Mystik und einem vertieften Bibelverständnis beschäftigte, so durfte ich nicht an der *metaphysischen Wirklichkeit* vorbei gehen, wie es im Neuprotestantismus seit Kant Sitte geworden ist. Kant hat doch nicht einfach die Metaphysik abgelehnt, sondern sie nur dem Glauben und nicht dem Wissen zugeordnet. Die Metaphysik geriet in Verruf, weil sie allzu dinglich verstanden wurde, man spielte oft mit ihr so handgreiflich wie ein Kind mit seinen Bauklötzlein. Wir müssen uns ihr auf neue Weise stellen und viel subtiler mit ihr umgehen.

Von den *Engeln* ist in der Bibel vom ersten bis zum letzten Buch die Rede. Nicht minder haben die Heiligen es mit ihnen zu tun. 1961 schrieb ich einen Aufsatz über die Engel in der Zeitschrift „Du", der mich aber gar nicht befriedigte, weil die Redaktion in Verlegenheit war und mich zu großer Eile antrieb. Das Thema ließ mir jedoch keine Ruhe. Dann gab ich mit dem Bildredaktor Karl Gröning das Buch heraus BLEIBT, IHR ENGEL, BLEIBT BEI MIR (1978). Es hatte die Form eines Kunstbuches angenommen, was nicht ganz meinem Sinn entsprach. Doch fand auf diesem Weg das Thema Eingang bei vielen Menschen, die es mit seinen umsichtig ausgewählten Bildern als ein Trostbuch auffassten, was mir durchaus lieb war. An sich sind Engel als geistige Wesen nicht bildlich darstellbar, doch man darf auch nicht abstrakt über dieses Thema schreiben. Das Buch hatte die erfreuliche Wirkung, dass das Engelthema wieder im Raume stand und von Menschen überdacht wurde, die es bis anhin nicht getan hatten. Für mich selbst wurde der Engelglaube immer aktueller:

Ich konnte mir mein Dasein nicht mehr vorstellen, ohne dass ich mich meinem Begleitengel allabendlich empfahl.

Über die Engel kann man nicht schreiben, ohne ihre Gegenspieler zu erwähnen. Auch hier hätte mir ein interessantes Bildmaterial zur Verfügung gestanden, aber dies hätte im Betrachter lediglich ein Grauen geweckt, und das wollte ich nicht. Deswegen erschien das Buch DER TEUFEL UND SEINE KNECHTE (1983) ohne Bilder. Ihm gegenüber verhielten sich die meisten Leser hilflos. Sie wussten nicht, was sie dazu sagen sollten, und sagten aus diesem Grunde lieber nichts. Es wurde von den Zeitungen kaum besprochen. Eine progressive katholische Zeitung meinte: „Unbegreiflich ist einzig, dass der Alte aus der Schweiz immer noch an den Teufel glaubt." Offensichtlich war ich in ihren Augen zum Hinterwäldler geworden, der sich noch mit längst überwundenen Ammenmärchen abgab. Für die große Mehrheit der Zeitgenossen war der bloße Gedanke an den Teufel restlos abgetan. Da Gott tot war, wie Nietzsche mit lauter Stimme verkündet hatte, existierten auch Engel und Teufel nicht. Dermaßen flach war das Weltbild geworden, dass es jede Transzendenz eingebüßt hatte. Kein Wunder, dass alles Denken nur noch vom vulgärsten Materialismus beherrscht wurde und das geistige Chaos sich immer weiter ausbreitete. Dem gegenüber halte ich es für eine einfache Christenpflicht, den Menschen das andere Nietzschewort in Erinnerung zu rufen: „Die Welt ist tief, und tiefer als der Tag gedacht" (in: „Also sprach Zarathustra"). In der Welt sind göttliche und teuflische Kräfte am Werk. Man muss mit Blindheit geschlagen sein, um dies nicht zu sehen. An dem Wort „Teufel" sich zu stoßen, ist kindisch, es ist eine Chiffre für das *Mysterium iniquitatis.* In einer der ganz wenigen Besprechungen hieß es: „Man legt dieses Buch als ein anderer aus der Hand, als man es zuvor zur Hand genommen hat."

Noch ein ganz kurzes Wörtchen über meine *Herausgebertätigkeit.* Ehrlicherweise muss ich gestehen, dass ich sie ein wenig mit meiner linken Hand ausführte. Es waren auch meistens Anfragen, die an mich heran getragen wurden. Jedes Mal überlegte ich mir, ob ich darauf eingehen sollte. So habe ich die Sammlungen FÜR ALLE TAGE (1944), GERHARD TERSTEEGEN (1948), GEBETE DER CHRISTENHEIT (1950), GOTT IST GEGENWÄRTIG. GEBETE EVANGELISCHER CHRISTEN (1967), MIT HEILIGEN BETEN (1975) zusammengestellt und jeweils mit einem Vorwort versehen. Was mich dazu bewog, war die Wahrnehmung, dass die konfessionellen Buchhandlungen gewöhnlich einen frommen Kitsch feilbieten; Julien Green schrieb darüber einmal in sein Tagebuch: „In diesen Buden wohnt Gott nicht". Dabei haben doch die einfachen Leute auch ein Anrecht darauf, dass ihnen eine religiös nahrhafte Kost vorgesetzt wird. Nie darf man am Volk gleichgültig vorüber gehen, sonst macht man sich des Hochmutes schuldig. Ich wollte aber den frommen Kitsch nicht nur beklagen, sondern versuchte Abhilfe zu schaffen. Dies gelang mir nicht. Eine unbedeutende Frömmigkeit gedeiht weiter, die konfessionellen Verlage versehen ihre frömmlerischen Erzeugnisse heute nur mit farbigen Umschlägen, die anziehend wirken sollen, aber inhaltlich sind die Bücher um kein Grad gewichtiger geworden.

Inzwischen bin ich ein alter Mann geworden. In diesem Lebensstadium kommt es einem immer deutlicher zum Bewusstsein, dass man nur noch auf Abruf lebt. Dieses Lebensgefühl veranlasste mich, das Büchlein zu schreiben DIE HOFFNUNG DER HEILIGEN (1985) mit dem Untertitel „Wie sie starben". Es ist, wie wohl jeder Leser bald inne wird, meine persönliche Zwiesprache mit Freund Hein, wie ich sie seit etlichen Jahren führe. Das Gespräch übt auf mich gar keine erschreckende Wirkung aus. Im Gegenteil, der Tod hat auf mich immer faszinierend gewirkt, und er hat meine Lebensbejahung geradezu gesteigert. Das Jenseits gibt dem Diesseits erst die wahre Kraft und vermittelt uns das Ewigkeitsbewusstsein.

Die zahlreichen Bücher hätte ich nicht zu schreiben vermocht, wenn mir meine Lebensgefährtin Gert nicht so stark geholfen hätte. Ihr durfte ich das handgeschriebene Manuskript jeweils übergeben, sie prüfte es auf Wiederholungen, Unverständlichkeiten, falsche Satzzeichen usw. und schrieb es dann für den Verleger mit der Maschine sauber ab. Sie hat eine große Mitarbeit geleistet und ist dabei in Bescheidenheit immer zurück getreten. Wo immer man eines dieser Bücher liest, sollte man mit mir der selbstlosen Hilfe meiner Frau in Dankbarkeit gedenken.

Walter Nigg am Schreibtisch in Dänikon (um 1970)

Obschon ich nicht alle Bücher erwähnt habe, sind aus dem „einen Wörtlein über meine Bücher" viele Worte geworden, hoffentlich nicht allzu viele. Und was haben die Bücher bewirkt? Sind sie ins Leere gefallen oder haben sie ihre Botschaft ausgerichtet? Ich weiß es nicht. Meine Aufgabe war es, sie zu schreiben. Wie sie aufgenommen werden, ist nicht mehr meine Sache. Nur das Eine möchte ich hinzufügen: Nichts liegt mir ferner, als mich über Verkennung zu beklagen. Meine Bücher haben teilweise sehr hohe Auflagen erreicht und sind in zwölf Sprachen übersetzt worden. Auch kam ich mir immer privilegiert vor, dass ich in einer hektischen Zeit, da die Mehrzahl der Menschen unter Stress leidet, in einem stillen Pfarrhaus sitzen und ohne Unterlass über die letzten Fragen des Lebens schreiben durfte und das ausdrücken konnte, was mich so unendlich stark bewegt.

Nach einem Vortrag kam einst eine vornehm gekleidete Dame auf mich zu und sagte zu mir: „Gestatten Sie eine intime Frage?" Ich wusste nicht, was sie erfahren wollte, und erwiderte nur: „Bitte." Dann fragte sie mich: „Haben Sie Schüler?" – „Nein", war meine Antwort, worauf die Dame sagte: „Ich danke" und sich gleich wieder entfernte. Ich verstand sehr wohl, was sie mit ihrer Frage in Erfahrung bringen wollte, und war über meine Antwort gar nicht unglücklich. Ein Schülerverhältnis wollte ich selbst als Student nicht eingehen. Wie hätte ich denn anderen Menschen ein solch gewöhnlich wenig beneidenswertes Dasein bereiten sollen?

Ich habe mich immer als jenen Einzelnen verstanden, dem es aufgetragen ist, in einer vertechnisierten Zeit über jene unzeitgemäßen Fragen zu schreiben, von denen ein christlicher Humanismus heute mehr denn je innerlich bedrängt wird. Dabei blieb ich immer des Pauluswortes eingedenk:

„Was hast du aber, das du nicht empfangen hast?
Hast du es aber doch empfangen, was rühmst du dich,
als ob du es nicht empfangen hättest?" (1 Kor 4,7).

Walter Nigg
Hauptwerke

Diese Bibliographie beschränkt sich auf die von Walter Nigg verfassten, mitgestalteten oder herausgegebenen Monographien. Nicht aufgeführt sind die zahllosen Artikel in Zeitungen und Zeitschriften, Einführungen und Vorworte, Rezensionen sowie die umfangreichen, weitgehend unveröffentlichten Briefwechsel, Predigten und Vorträge im Sonderdruck. Ebenfalls nicht genannt sind die zahlreichen Übersetzungen von Walter Niggs Werken in andere Sprachen.[1]

Angegeben werden die Erstausgaben, ohne alle weiteren Auflagen anzuführen, sowie Neuausgaben in anderen Verlagen und wirkungsgeschichtlich bedeutsame Lizenzausgaben bereits publizierter Werke. Viele Werke sind weiterhin im Buchhandel oder in Antiquariaten erhältlich, Neuauflagen sind geplant.

Monographien

Das religiöse Moment bei Pestalozzi
Verlag Walter de Gruyter, Berlin 1927

Franz Overbeck. Versuch einer Würdigung
Beck'sche Verlagsbuchhandlung, München 1931
Römerhof Verlag, Zürich 2009

Die Kirchengeschichtsschreibung. Grundzüge ihrer historischen Entwicklung
Beck'sche Verlagsbuchhandlung, München 1934

Geschichte des religiösen Liberalismus. Entstehung – Blütezeit – Ausklang
Max Niehans Verlag, Zürich 1937

1 Vgl. https://www.unifr.ch/iso/de/dokumentation/walter-nigg/werke/

Kirchliche Reaktion. Dargestellt an Michael Baumgartens Lebensschicksal
Verlag Paul Haupt, Bern 1939

Martin Bubers Weg in unserer Zeit
Verlag Paul Haupt, Bern 1940

Hermann Kutters Vermächtnis
Verlag Paul Haupt, Bern 1941

Religiöse Denker: Kierkegaard, Dostojewskij, Nietzsche, Van Gogh
Verlag Paul Haupt, Bern 1942
Büchergilde Gutenberg, Zürich 1948
Weiss, Berlin 1952
Auszug: *Sören Kierkegaard. 1813 bis 1855*
Verlag Paul Haupt, Bern 1942
Auszug: *Friedrich Nietzsche*
Verlag Paul Haupt, Bern 1942
Auszug: *Vincent Van Gogh*
Verlag Paul Haupt, Bern 1942
Auszug: *Dostojewskij. Die religiöse Überwindung des Nihilismus*
Agentur des Rauhen Hauses, Hamburg 1951

Das ewige Reich. Geschichte einer Sehnsucht und einer Enttäuschung
Eugen Rentsch Verlag, Erlenbach-Zürich 1944
Überarbeitete Auflage: Artemis-Verlag, Zürich - Stuttgart 1954
Siebenstern-Taschenbuch, München 1967
Mit neuem Untertitel: *Geschichte einer Hoffnung*
Diogenes Verlag, Zürich 1996

Große Heilige
Artemis Verlag, Zürich 1946; erweitert ab ^{7}1962
Buchclub Ex Libris, Zürich 1962
Diogenes Verlag, Zürich 2006
Auszug: *Jeanne d'Arc, der Engel Frankreichs. 1412–1431*
Hoffmannsche Buchdruckerei W. Krais, Stuttgart 1950
Auszug: *Vier große Heilige*
Deutscher Taschenbuch Verlag, München 1964
Auszug: *Gerhard Tersteegen. Der Verstand des Herzens*
Brunnen Verlag, Gießen 1997

Auszug: *Gerhard Tersteegen. Der Verstand des Herzens*
Verlag Linea, Bad Wildbad 2007

Das Buch der Ketzer
Artemis Verlag, Zürich 1949
Büchergilde Gutenberg, Frankfurt a.M. - Zürich 1962
Evangelische Buchgemeinde, Stuttgart 1966
Diogenes Verlag, Zürich 2011

Maler des Ewigen. Band I: Meditationen über religiöse Kunst
Artemis Verlag, Zürich 1951
Walter Verlag, Olten und Freiburg i.Br. 1979
Auszug: *Rembrandt. Maler des Ewigen*
Diogenes Verlag, Zürich 2006

Vom Geheimnis der Mönche
Artemis Verlag, Zürich 1953
Diogenes Verlag, Zürich 1990

Des Pilgers Wiederkehr. Drei Variationen über ein Thema
Artemis Verlag, Zürich 1954
Fischer Bücherei, Frankfurt a.M. 1958
Furche-Verlag, Hamburg 1966
Diogenes Verlag, Zürich 1992

Der christliche Narr
Artemis Verlag, Zürich 1956
Diogenes Verlag, Zürich 1993

Prophetische Denker
Artemis Verlag, Zürich 1957
Verlag Das Wort, Rottweil 1986
Auszug: *Friedrich Nietzsche*
Diogenes Verlag, Zürich 1994
Auszug: *Sören Kierkegaard: Dichter, Büßer und Denker*
Diogenes Verlag, Zürich 2002

Ein Ritter des Glaubens. Zum Tode Reinhold Schneiders am 6. April 1958
Vereinigung Oltener Bücherfreunde, Olten 1958

Heimliche Weisheit. Mystisches Leben in der evangelischen Christenheit
Artemis Verlag, Zürich und Stuttgart 1959
Walter Verlag, Olten und Freiburg i.Br. 1975
Diogenes Verlag, Zürich 1992
Auszug: *Gerhard Tersteegen (1697-1769). Von der dreifachen Gegenwart Gottes*
Philadelphia-Buchhandlung, Reutlingen 1973
Auszug: *Angelus Silesius. Der Sänger der mystischen Weisheit*
Vereinigung Oltener Bücherfreunde, Olten 1959

Maler des Ewigen. Band II: Moderne Ikonen
Artemis Verlag, Zürich und Stuttgart 1961
Auszug: *Vincent van Gogh. Der Blick in die Sonne*
Diogenes Verlag, Zürich 2003

Glanz der Legende. Eine Aufforderung, die Einfalt wieder zu lieben
Artemis Verlag, Zürich und Stuttgart 1964
Auszug: *Christophorus lebt*
August Künzel, Basel 1969

Wallfahrt zur Dichtung
Artemis Verlag, Zürich und Stuttgart 1966
Auszug: *Glanz der ewigen Schönheit: Annette von Droste-Hülshoff. 1797-1848*
Artemis-Verlag, Zürich und Stuttgart 1968

Felix und Regula. Die Stadtheiligen von Zürich. Aneignung einer Legende
Fretz und Wasmuth Verlag, Zürich 1967
SV International, Schweizer Verlagshaus, Zürich 1983

Der exemplarische Mensch. Begegnung mit Heiligen
Jakob Hegner Verlag 1967
Erweitert: Verlag Herder, Freiburg i.Br. 1970

Botschafter des Glaubens. Der Evangelisten Leben und Wort
Walter-Verlag, Olten und Freiburg i.Br. 1968
Bonner Buchgemeinde, Bonn 1968

Das Buch der Büßer. Neun Lebensbilder
Walter-Verlag, Olten und Freiburg i.Br. 1970
Diogenes-Verlag, Zürich 1993

Der verborgene Glanz oder Die paradoxe Lobpreisung
Walter-Verlag, Olten und Freiburg i.Br. 1971

Drei große Zeichen. Elias, Hiob, Sophia
Walter-Verlag, Olten und Freiburg i.Br. 1972

Die unscheinbare Heilige [Elisabeth Eppinger]
Kloster Maria Hilf, Bühl 1973

Was bleiben soll
Walter-Verlag, Olten und Freiburg i.Br. 1973

Vom beispielhaften Leben. Neun Leitbilder und Wegweisungen
Walter-Verlag, Olten und Freiburg i.Br. 1974
Auszug: *Johannes von Gott – Ein Heiliger aus schlechtem Holz*
Johannes von Gott Verlag, München 1985

Heilige im Alltag
Walter-Verlag, Olten und Freiburg i.Br. 1976

Don Bosco. Ein zeitloser Heiliger
Don Bosco Verlag, München 1977

Die verborgene Heilige. Katharina Kasper (1820–1898)
Generalleitung der „Armen Dienstmägde Jesu Christi" (ADJC), Dernbach 1977

Heilige ohne Heiligenschein
Walter-Verlag, Olten und Freiburg i.Br. 1978

Große Unheilige
Walter-Verlag, Olten und Freiburg i.Br. 1980
Diogenes Verlag, Zürich 1996

Heilige und Dichter
Walter-Verlag, Olten und Freiburg i.Br. 1982
Diogenes Verlag, Zürich 1991

Der Teufel und seine Knechte
Walter-Verlag, Olten und Freiburg i.Br. 1983
Diogenes Verlag, Zürich 1997

Erasmus von Rotterdam. Christliche Humanität
Schwabenverlag, Ostfildern 1983

Mary Ward. Eine Frau gibt nicht auf
Don Bosco Verlag, München 1983
Römerhof Verlag, Zürich 2009

Die Hoffnung der Heiligen. Wie sie starben und uns sterben lehren
Schwabenverlag, Ostfildern 1985
Herder, Freiburg i.Br. 1993

In der Welt, nicht von der Welt. Wilhelm Meyer und das Werk der St. Anna-Schwestern
Gemeinschaft der St. Anna Schwestern, Luzern 1986

Rebellen eigener Art. Eine Blumhardt-Deutung
Quell-Verlag, Stuttgart 1988

Das mystische Dreigestirn. Meister Eckhart, Johannes Tauler, Heinrich Seuse
Artemis Verlag, Zürich 1988
Diogenes Verlag, Zürich 1990

Hedwig von Schlesien
Echter Verlag, Würzburg 1991
Deutsche Edition bei:
Ed. Wydawnictwo Sw. Krzyza, Opole 2005

Friedrich von Spee. Ein Jesuit kämpft gegen den Hexenwahn
(mit einem Beitrag von Walter Seidel: „Walter Nigg – ein Leben mit den Heiligen")
Bonifatius Verlag, Paderborn 1991

Der Pfarrer von Ars (mit einem Essay von Heinrich Spaemann)
Verlag Herder, Freiburg i.Br. 1992

Das Gewicht der Welt (W. Fries)
Kirchgemeinde Kilchberg 1979

Heilige Hildegard von Bingen
Bischöfliches Ordinariat, Mainz 1979

Heiligkeit heute? (mit Ida Friederike Görres)
Jung, Freiburg i.Br. 1972

Bildbände

Das Leben Christi in Meisterwerken der Kunst und den Worten des Neuen Testaments
(mit M. Ross) Buchclub Ex Libris, Zürich o.J.

Der Mann aus Assisi. Franziskus und seine Welt
(mit T. Schneiders) Verlag Herder, Freiburg i.Br. 1975

Nikolaus von Flüe. Eine Begegnung mit Bruder Klaus
(mit T. Schneiders) Verlag Herder, Freiburg i.Br. 1976

Martin von Tours. Leben und Bedeutung des großen Heiligen, des Ritters Christi, wundertätigen Bischofs und mutigen Bekenners
(mit H.N. Loose) Verlag Herder, Freiburg i.Br. 1977

Thomas Morus. Der Heilige des Gewissens
(mit H.N. Loose) Verlag Herder, Freiburg i.Br. 1978
Europäische Bildungsgemeinschaft, Stuttgart 1981

Bleibt, ihr Engel, bleibt bei mir ...
(mit K. Gröning) Propyläen Verlag, Berlin 1978

Benedikt von Nursia. Der Vater des abendländischen Mönchtums
(mit H.N. Loose) Verlag Herder, Freiburg i.Br. 1979
(mit H.N. Loose), St. Michaelsbund, München 1980

Elisabeth von Thüringen. Die Mutter der Armen
(mit H.N. Loose) Verlag Herder, Freiburg i.Br. 1979

Katharina von Siena. Die Lehrerin der Kirche
(mit H.N. Loose) Verlag Herder, Freiburg i.Br. 1980

Maximilian Kolbe. Der Märtyrer von Auschwitz
Verlag Herder, Freiburg i.Br. 1980

Theresia von Avila. Theresia von Jesus
(mit H.N. Loose) Verlag Herder, Freiburg i.Br. 1981

Antonius von Padua
(mit H.N. Loose) Verlag Herder, Freiburg i.Br. 1981

Die Engel unter uns
Altenberger Dom-Verein, Bergisch Gladbach 1986

LIZENZAUSGABEN im Verlag Herder, Freiburg i.Br.

Von Heiligen und Gottesnarren (1960)

Die Heiligen kommen wieder. Leitbilder christlicher Existenz (1973; mit neuer Einführung: „Die Heiligen kommen wieder")

Die Antwort der Heiligen: Wiederbegegnung mit Franz von Assisi, Martin von Tours, Thomas Morus (1975)

Philipp Neri, der Spaßvogel Gottes. Sokrates in der Soutane, (1976; mit neuem Vorwort)

Lesebuch für Christen. Texte für alle Tage (1978)

Lehrmeister der Christenheit in verwirrter Zeit. Benedikt von Nursia – Katharina von Siena (1979)

Die stille Kraft der Legende. Vergessene Heilige kehren zurück (1982)

HERAUSGABE

Die Kinderlehre der Wohnstube
(J.H. Pestalozzi, Sämtliche Werke, Band 7)
(mit Emanuel Dejung) Walter de Gruyter, Berlin 1940

Für alle Tage. Ein christliches Lesebuch
(unter dem Pseudonym: Jakob Studer)
Fretz und Wasmuth Verlag, Zürich 1944
Evangelische Buchgemeinde, Stuttgart 1967
Neue Schweizerische Bibliothek, Zürich 1971
Unter dem Titel: *Lesebuch für Christen*
Herder, Freiburg i.Br. 1978

Gerhard Tersteegen: Eine Auswahl aus seinen Schriften
Amerbach-Verlag, Basel 1948
R. Brockhaus, Wuppertal 1967
Mit neuem Untertitel: *Wir sind hier fremde Gäste*
R. Brockhaus Verlag, Wuppertal 1980

Gebete der Christenheit
Agentur des Rauhen Hauses, Hamburg 1950

Siebenstern-Taschenbuch, München 1965
Brockhaus, Wuppertal 1980
Auszug: *Gebete der heiligen Frauen von Helfta*
Kunstverlag Fink, Lindenberg 2010

Augustinus: Lobpreisungen Gottes
Artemis Verlag, Zürich 1959

Reihe: *Heilige der ungeteilten Christenheit*
(mit W. Schamoni) Patmos Verlag, Düsseldorf:
W. Nigg, *Niklaus von Flüe* (1962)
P. Sinz, *Das Leben des hl. Bernhard von Clairvaux (vita prima)* (1962)
W. Schamoni, *Ausbreiter des Glaubens im Altertum* (1963)
W. Nigg, *Elisabeth von Thüringen* (1963)
W. Schamoni, *Heilige Frauen des Altertums* (1963)
W. Schamoni, *Bischöfe der alten afrikanischen Kirche* (1964)
W. Nigg, *Mönchsväter des Ostens im frühen Mittelalter* (1964)
E.-W. Platzeck, *Das Leben des sel. Raimund Lull* (1964)
W. Schamoni, *Märtyrer der Frühkirche. Berichte und Dokumente des Eusebius von Cäsarea* (1964)
W.P. Eckert, *Das Leben des hl. Thomas von Aquino* (1965)
A. Schenker, *Das Leben der hl. Katharina von Siena* (1965)
W. Schamoni, *Das Leben des hl. Ansgar* (1965)
L. Schläpfer, *Der hl. Bernhardin von Siena* (1965)
W. Nigg, *Das Leben des sel. Heinrich Seuse* (1965)
L. Schläpfer, *Das Leben des hl. Johannes Chrysostomus* (mit einem Vorwort von Walter Nigg) (1966)
W. Nigg, *Das Leben der hl. Hedwig* (1967)
I. Opelt, *Das Leben des hl. Ambrosius* (1967)
A. Führkötter, *Das Leben der hl. Hildegard von Bingen* (1968)
E. Kock, *Das Leben des hl. Ludwig von Frankreich. Die Vita des Joinville* (1969)

Gottfried Arnold: Das Geheimnis der Göttlichen Sophia
Friedrich Frommann Verlag, Stuttgart 1963

Unvergängliche Legende. Aus der neueren Dichtung gesammelt
Jakob Hegner Verlag, Köln 1966

Bibliothek der Deutschen Friedrich-Schiller-Stiftung e.V., Berlin 1968
Richarz, Sankt Augustin 1978
Ullstein, Frankfurt a.M. 1982

Gott ist gegenwärtig. Gebete evangelischer Frömmigkeit
Kösel-Verlag, München 1967
Siebenstern-Taschenbuch, München 1969

Mit Heiligen beten. Gebetserfahrungen, die helfen, das Leben zu meistern
Rex-Verlag, Luzern und München 1975

Mit Mönchen beten. Gebete, die auch uns zu Gott führen
Rex-Verlag, München und Luzern 1976

Mit großen Christen um den Heiligen Geist beten
Rex-Verlag, München und Luzern 1976

Mit Leidenden beten. Gebete der Stärkung und des Trostes
Rex-Verlag, München und Luzern 1977

José Orabuena, Das Urlicht: Die Erzählungen des weisen Elias
Verlag Herder, Freiburg i.Br. 1979

José Orabuena, Tragische Furcht. Roman
Verlag Herder, Freiburg i.Br. 1980

José Orabuena, Groß ist deine Treue. Roman des jüdischen Wilna
Verlag Herder, Freiburg i.Br. 1981

José Orabuena, Im Tale Josaphat. Eigene Lebensgeschichte
Schwabenverlag, Ostfildern bei Stuttgart 1984

José Orabuena, Henri Rousseau
Walter Verlag, Olten und Freiburg i.Br. 1984

Niklaus von Flüe. In Berichten von Zeitgenossen
Walter-Verlag, Olten und Freiburg i.Br. 1980

Sie lebten Jesu Botschaft neu. Die großen Ordensgründer
Matthias-Grünewald-Verlag, Mainz 1980

Albert der Große (Mitverfasser: Wolfgang Frühwald)
Katholische Akademie, Augsburg 1980

EPIPHANIA · EGREGIA

18 *Für das Leben der Welt.* Auf dem Weg zu einem Sozialethos der Orthodoxen Kirche. Übersetzt und herausgegeben von Barbara Hallensleben. 122 S. 2020.

17 Wilm SANDERS, Erhebet die Herzen. 30 liturgische Miniaturen. 134 S. 2020.

16 José ORABUENA, Der du bist und mich kennst – und andere Erzählungen. Biographische Anthologie. Ausgewählt und eingeführt von Joseph Rieger, 239 S. 2019.

15 Wilm SANDERS, Amen. Halleluja. 45 Aspekte zur Fasten- und Osterzeit. 186 S. 2018.

14 Heinrich BORTIS, Von der Politischen Ökonomie zur Ökonomie und zurück zur Politischen Ökonomie. 250 Jahre bewegte Geschichte der Wirtschaftstheorie. 43 S. 2017.

13 Dieter HATTRUP/Antoine WEIS /Todorka L. DIMITROVA, Physik und Theologie – gestern und heute, hg. von Barbara Hallensleben, 35 S. 2017.

12 Einheit in Synodalität. Die offiziellen Dokumente der Orthodoxen Synode auf Kreta 18. bis 26. Juni 2016, hg. von Barbara Hallensleben. IV + 112 S. 2016. 2. Auflage 2017.

11 Jürg MEIER, Trauerfeiern. 114 S. 2016. 2. Auflage 2020.

10 Barbara HALLENSLEBEN / Simon HELBLING, Wie durch Feuer. Leben und Sterben des Jan Hus. Theaterstück und szenische Lesungen nach einem Hörspiel von Edzard Schaper. 77 S. 2015.

9 Cinzia MINERVINI JORDAN, Being and Becoming. Reading Arthur Miller's *Focus* and "The Crucible" through Giorgio Agamben. Edited and with a preface by Thomas Austenfeld. 116 S. 2012.

8 Wilm SANDERS, O komm, Immanuel! 50 Aspekte zur Advents- und Weihnachtszeit. 152 S. 2015.

7 Hugo RAHNER, Maria und die Kirche. Vorreden zur Sophiologie. Herausgegeben von Klaus Wyrwoll. Mit einem Vorwort von Yves Congar. 111 + XIII S. 2011.

6 Gemeinsamer Glaube und pastorale Zusammenarbeit. 25 Jahre Seelsorgegemeinschaft zwischen der Syrisch-Orthodoxen Kirche und der Römisch-Katholischen Kirche. Herausgegeben von Johannes Oeldemann. 99 S. 2011.

5 Fairy von Lilienfeld. 1917-2009. Herausgegeben von Ruth Albrecht und Ruth Koch. 143 S. 2011.

4 Maja TSCHUMI / SIMON HELBLING, APOKALYPSE. Das Theater / Giorgio AGAMBEN, Kirche und Herrschaft. 64 S. 2011.

3 Walter NIGG, Ein Wörtlein über meine Bücher – und andere autobiographische Texte. Herausgegeben von Barbara Hallensleben und Uwe Wolff. 119 S. 2010 (Reinhardt Vlg.); 2. Auflage .

2 Wilm SANDERS, Epiphanie. Eine Wiederentdeckung in 40 Aspekten. Mit einer Meditation von Uwe Wolff. Herausgegeben von Nikolaus Wyrwoll und Barbara Hallensleben. 148 S. 2010.

1 Edzard SCHAPER, Händel-Brevier. Aus dem unvollendeten, unveröffentlichten Roman. Zusammengestellt von Paul Hostettler. Eingeleitet von Uwe Wolff und Luca Zoppelli. Herausgegeben von Barbara Hallensleben. 145 S. 2009.